Escúchate

Escúchate

Encuentra la paz en un mundo ruidoso

Prem Rawat

Traducción de María Jesús Asensio

Papel certificado por el Forest Stewardship Council®

Título original: *Hear Yourself*

Primera edición: febrero de 2020
Primera reimpresión: febrero de 2020

© 2020, Prem Rawat
© 2020, Penguin Random House Grupo Editorial, S.A.U.
Travessera de Gràcia, 47-49. 08021 Barcelona
© 2020, por la traducción, María Jesús Asensio

Printed in Spain - Impreso en España

ISBN: 978-84-03-52166-7
Depósito legal: B-355-2020

Impreso en Gómez Aparicio, S. L.,
Casarrubuelos (Madrid)

AG 2 1 6 6 7

Penguin
Random House
Grupo Editorial

Índice

Introducción 9

Capítulo 1. El ruido que tenemos en medio de los oídos.. 33

Capítulo 2. Sobre la vida, la muerte y otras cuestiones...... 61

Capítulo 3. Paz infinita 89

Capítulo 4. Conocer, no creer 115

Capítulo 5. Empezar por uno mismo 145

Capítulo 6. Gratitud 173

Capítulo 7. Malos momentos 199

Capítulo 8. Guerra, prisiones y perdón 227

Capítulo 9. Unas notas sobre el amor 259

Capítulo 10. Cielo e infierno 275

Capítulo 11. El yo universal 299

Capítulo 12. Práctica, práctica, práctica 329

Introducción

Hola, ¿quién eres?

A lo largo de los años he conocido a muchas personas que se han embarcado en la aventura del descubrimiento personal. Algunas han dedicado la vida a buscar iluminación y están constantemente investigando ideas y técnicas de todo el mundo. Otras sencillamente se han propuesto entenderse mejor a sí mismas, para crecer como personas o experimentar una mayor plenitud y alegría en sus vidas.

Te invito a hacer conmigo parte de ese viaje y te sorprenderá adónde vamos. Nos alejaremos del territorio de las teorías y las creencias y nos encaminaremos hacia una forma única de conocimiento. Hacia un lugar interior que está exento de las distracciones cotidianas. Hacia un lugar en el que puedas experimentar plenitud, claridad y alegría. Hacia un lugar de paz interior. El camino nos conducirá, mediante la atención plena y la plenitud de corazón, hacia la tranquilidad. Quienquiera que seas, la paz está en tu interior; el conocimiento de ti mismo es lo que te permite experimentarla, y este libro te mostrará cómo hacerlo.

En mi opinión, hay mucho ruido intelectual confuso sobre el tema del conocimiento de uno mismo, pero el propósito de alcanzar autoconocimiento no podría ser más sencillo: se trata de que experimentemos una claridad refrescante, una profunda plenitud y una profunda e inconmensurable alegría —así como muchas, muchas otras maravillas— estando en armonía con el universo de paz que llevamos en nuestro interior. Este sentimiento de paz es la esencia de lo que verdaderamente somos.

Para ser claro, mi objetivo en este libro es ayudar a desarrollar la comprensión de la paz y lo que puede significar en tu vida conectar con ella, pero solo *tú* puedes hacer el viaje desde el ruido exterior a la paz interior. Nadie puede *darte* paz; es algo que solo tú puedes descubrir por ti mismo, en tu interior. Al hacerlo, vas descubriendo quién eres de otras maneras. En la vida hay muchas cosas que son automáticas —cosas que suceden con facilidad—, pero encontrar la paz interior, la claridad y la alegría ¡exigen trabajo! Ser plenamente consciente requiere esfuerzo. Como dijo Einstein: «La sabiduría no es fruto de la educación académica, sino del empeño de toda una vida por adquirirla».

A medida que se desarrollen las historias e ideas de este libro, confío en que disfrutes de perspectivas inesperadas de algo que todos tenemos en común; algo que creo que deberíamos celebrar mucho más en la vida: el increíble espíritu humano. Hay otro aspecto importante que me gustaría presentarte y que llegarás a conocer. Volveré sobre esto enseguida.

Muchas personas dicen que el creciente volumen de ruido que las rodea les supone un reto. En nuestras abarrotadas ciudades y vidas optimizadas digitalmente, con frecuencia es difícil encontrar tiempo y espacio para la serena sencillez de ser. Asimismo, el «progreso» no cesa de llegar a las zonas rurales, reportando ventajas y oportunidades muy necesarias, pero también nuevas exigencias a individuos y comunidades. Vivimos tiempos extraordinarios, en los que la innovación brinda maravillosas posibilidades, pero a pesar de ello a veces el ruido que va ligado a este progreso puede sentirse como una distracción inoportuna.

En realidad, el ruido exterior no es nada comparado con el que a menudo generamos en nuestra mente: esos problemas que parece que no somos capaces de resolver; las inquie-

tudes e inseguridades que no sabemos aplacar; las ambicio-
nes y expectativas que no logramos ver satisfechas. Es
probable que sintamos irritación, rencor e incluso ira hacia
otras personas y decepción de nosotros mismos. O quizá nos
sentimos frustrados por la falta de concentración o la sensación de estar agobiados; por la confusión y la procrastinación
o por las acrobacias mentales que realizamos todos los días
en busca del placer y la seguridad. En este libro abordaré el
impacto del pensamiento negativo en nuestra vida, y presen-
taré cómo alcanzar esa conciencia más profunda e inalterable
de uno mismo que existe *más allá de nuestros pensamientos*.

Un camino diferente

¿Cómo sé que mi enfoque funciona? Porque me ha funciona-
do a mí, y por eso tengo la confianza necesaria para compartirlo contigo. Tenía sed y me acerqué a un pozo, y mi sed se
sació. ¿Hay otros enfoques? Por supuesto. ¿Por qué no los pro-
bé? ¡Porque ya no tenía sed!

Mi enfoque de vida puede utilizarse independientemente de
las creencias religiosas, éticas o políticas (de nacionalidad, clase,

género, edad y también de la orientación sexual) que se tengan. No es un sustituto de las creencias, porque se trata de *conocer* no de creer: una importante diferencia fundamental que examinaré más adelante. El conocimiento puede proporcionar una conexión muy profunda con lo mejor de nuestro espíritu humano y hacer posible la experiencia del ser en todas sus dimensiones. Cada uno decide cómo relacionarlo con sus creencias.

Te invito a que valores y confíes en tu corazón, y a que la mente no sea tu única guía. La mente moldea gran parte de nuestra experiencia diaria y puede ser increíblemente útil para entender cómo funciona (bien y mal). Es importante que reconozcamos su efecto positivo y negativo en nuestra vida, aceptando las oportunidades que nos enriquezcan las ideas y mejoren el intelecto. Pero con demasiada frecuencia la sociedad aboga por la mente en detrimento del corazón. La capacidad intelectual no puede hacerlo todo. Por ejemplo, no estoy seguro de que solo con la mente se pueda proporcionar una respuesta satisfactoria a la pregunta: «¿Quién eres?». Yo nunca he conseguido llegar a ese lugar de paz interior que hay en mí solo con la *mente*. Para funcionar correctamente, la mente depende mucho de todo lo que entra en ella, mientras que el corazón se basa mucho más en el ADN del ser humano.

Y, a propósito de la mente, tengo una petición que hacerte como lector: que solo aceptes lo que escribo en este libro si lo *sientes* como verdad para ti. Ya seas racionalmente escéptico o receptivo a mi mensaje, ábrete también a lo que tu yo interior te diga. Da una oportunidad razonable a este enfoque. Más que decirte lo que debes pensar, los capítulos que siguen te ofrecen una serie de posibilidades para que las tengas en cuenta. No es mi intención convencer con la lógica, sino compartir experiencias, puntos de vista e historias que puedan aportar perspectivas útiles. Las palabras sinceras claramente expresadas pueden servir de peldaños hacia el conocimiento, y brindo las palabras de este libro como una vía a través de las ideas y más allá, hasta el mundo de la experiencia interior. Por favor, juzga racionalmente lo que digo, pero escucha también a tu corazón.

¿Quién soy?

Antes de continuar debo decir algo sobre mí.

Nací en Haridwar (India), en 1957, y crecí en la vecina Dehra Dun, en las estribaciones de los Himalayas indios. El río Ganges nace en las montañas que rodean la ciudad y para los hindúes es una zona sagrada de peregrinación. De hecho, las palabras «Hari dwar» significan «puerta a Dios». No es un lugar particularmente grande, pero todos los años millones de visitantes asisten a las fiestas sagradas. Es algo digno de verse.

Así pues, me crie en un lugar en el que la gente siempre se ha tomado la religión muy en serio y expresa sus creencias de apasionadas y evocadoras maneras. Mi padre, Shri Hans Ji Maharaj, fue un eminente orador que disertaba sobre el tema de la paz y atraía a miles de personas. Desde muy joven había recorrido las montañas —y visitado después muchos pueblos y ciudades— en busca de santones que le procurasen sabiduría. Con frecuencia quedaba decepcionado.

El gran paso adelante lo dio cuando conoció a Sri Swarupanand Ji, un gurú* de lo que era el norte de India y ahora es, tras la Partición, Pakistán. A mi padre le pareció que por fin había encontrado a un verdadero maestro; alguien con una profunda comprensión del espíritu humano. Esta experiencia le cambió verdaderamente. Había encontrado lo que estaba buscando:

---

* En India, *gu* significa oscuridad y *Ru*, luz, con lo que un gurú es alguien que te lleva de la oscuridad a la luz. Pueden considerarse guías vitales.

una profunda comprensión del yo consciente y un sentido casi indescriptible de la paz interior. Lo vi llorar cuando recordaba lo que supuso para él aprender del hombre al que llamaba su maestro. Con frecuencia citaba unos versos del poeta indio del siglo XV Kabir, quien había experimentado algo similar con su propio maestro:

> Me vi arrastrado en este río de oscuridad —del mundo, de la sociedad— y mi maestro me ofreció una luz.
> Me mostró el hermoso lugar que hay en mi interior, y ahora estoy contento.

Mis padres finalmente fijaron su residencia en Dehra Dun, si bien mi padre siguió trabajando en el centro que había establecido en la cercana Haridwar. Desde allí, él empezó a anunciar su mensaje a quien quisiera escucharle. Su planteamiento era la expresión de una antigua tradición que se había transmitido de maestros a estudiantes desde hacía siglos, y en el caso de mi padre, del maestro Sri Swarupanand Ji, que fue quien le escogió como sucesor. La esencia del mensaje de mi padre era que la paz que buscamos no está esperando fuera en el mundo, está ya dentro de nosotros, pero debemos *elegir* conectar con ella. Como se verá, la elección es fundamental en mi propio planteamiento.

Mi padre se negó a seguir la norma convencional respecto a quién tenía derecho a acceder a la sabiduría. La sociedad india estaba desgarrada por la arrogancia, la desconfianza hacia los extranjeros y un brutal sistema de castas, pero para mi padre los individuos eran parte de una familia humana universal. Fuera cual fuese la raza o la extracción social —o el sexo—, todos eran bienvenidos a asistir y escuchar sus disertaciones. Recuerdo una ocasión en la que invitó a una pareja de norteamericanos a subir al escenario y a sentarse en unas sillas, con lo que pasaron a ser invitados de honor. Eso constituyó un claro desafío a cualquiera que pensara que los extranjeros eran impuros desde el punto de vista espiritual e inferiores. Expongo mis propios sentimientos sobre las relaciones humanas universales en el capítulo 11.

Aprendía de mi padre siempre que podía, a menudo sentado a sus pies cuando se dirigía a sus seguidores y a los que buscaban comprender mejor. La primera vez que hablé en uno de aquellos eventos yo tenía 4 años. Ese día mi mensaje fue muy sencillo: la paz es posible cuando se empieza por uno mismo. El corazón me decía que esto era verdad y, pese a mi corta edad, me pareció de lo más natural levantarme y compartir esa perspectiva con las personas que tenía delante.

Un día, dos años después, estaba yo jugando en la calle con mis hermanos cuando un amigo de la familia vino a decirnos: «¡Vuestro padre quiere veros en casa ahora mismo!». Nosotros pensamos: «¡Vaya!, ¿qué habremos hecho?». Cuando entramos, nos preguntó si deseábamos recibir el Conocimiento. Esa era la palabra que él y otros utilizaban para describir un conjunto de ideas y técnicas relacionadas con el conocimiento de uno mismo. Sin pararnos a pensar, todos respondimos que sí.

Aquella reunión con mi padre no duró mucho, y fue en los años siguientes cuando llegué a comprender lo que me había transmitido aquel día. Me di cuenta de que había empezado a tener una perspectiva mucho más amplia de la vida, una mejor comprensión de que no solo estamos determinados por lo que nos rodea y por nuestros pensamientos; hay algo más dentro de nosotros, algo increíblemente poderoso.

Yo tenía ya un sentido del mundo interior, pero desde ese momento fui consciente de cómo el conocimiento propio era el camino hacia la paz personal, y que practicarlo me permitía estar centrado y vivir el momento presente. Sentía que el Conocimiento me proporcionaba concentración y confianza en mí mismo cuando los demás con frecuencia parecían inseguros. Y comencé a comprender que la paz no es un lujo, sino una necesidad.

Un día, poco después de que se me concedieran las técnicas del autoconocimiento, estaba sentado en nuestro jardín de Dehra Du cuando me invadió una extraordinaria sensación de paz. Fue entonces cuando por primera vez comprendí de verdad que la paz interior es algo más que una serie de sentimientos pasajeros y que su esencia no está ligada al mundo exterior. Hablo más de esa experiencia en el capítulo 3.

Del Ganges a Glastonbury

Mi padre murió cuando yo tenía 8 años y medio. Como puedes imaginarte, aquello fue un duro golpe para mí, mi hermana, mis hermanos, mi madre y para toda la familia. Su muerte dejó un enorme vacío tanto en nuestra vida como en la de sus seguidores.

Mi padre me había enviado a un colegio católico de Dehra Dun —St. Joseph's Academy— para que pudiera aprender inglés. Confiaba en que algún día pudiera compartir ese conocimiento de uno mismo con partícipes de otros países, de toda la humanidad, en realidad. Tras el fallecimiento de mi padre, se me hizo evidente mi propósito en la vida: tenía que continuar su trabajo, transmitir el mensaje de que la paz es posible, dondequiera que la gente escuchara, por todo el mundo.

Se trataba de una aspiración muy audaz para un muchacho tan joven, pero parecía evidente que eso era lo que tenía que hacer. La única manera de empezar era dirigiéndome a los seguidores de mi padre, así que me armé de valor para plantarme ante las multitudes yo solo y enseguida me vi hablando por toda India. Aún hoy me sorprende el extraordinario carácter del pueblo indio. El país ha pasado por muchos momentos difíciles —conquistas y desafíos— pero ha sobrevivido gracias a la fortaleza de su gente. En mis viajes por la India he conocido a muchas personas increíbles.

En la década de 1960 llegaron a Dehra Dun muchos visitantes procedentes de Estados Unidos y Europa, con frecuencia en busca de nuevas ideas sobre la vida. Algunos vinieron a oírme hablar. Relato mi primer encuentro con aquellos extraños visitantes, inusitadamente perfumados, en el libro. Varios de ellos escucharon atentamente mi mensaje y, después de un tiempo, quisieron hacer partícipes de mis enseñanzas a sus conciudadanos, así que me invitaron a ir a Inglaterra. A mí me apetecía mucho ir, pero solo tenía 13 años y los profesores de St. Joseph me esperaban en clase, por lo que el viaje tuvo que programarse para las vacaciones escolares.

A los pocos días de llegar a Reino Unido, en junio de 1971, me llevaron desde Londres al sur de Inglaterra. Cuando llegamos, al bajarme del coche, me encontré en el escenario piramidal del festival de música de Glastonbury. Solo era la segunda edición de Glastonbury, festival que ahora se ha convertido en un acontecimiento de fama mundial. Aquella noche hablé brevemente sobre el poder del conocimiento de uno mismo y de la paz personal a una multitud bulliciosa y bastante sorprendida. El mensaje pareció calar en muchos de ellos. Mi llegada a Reino Unido y esta aparición en Glastonbury atrajeron mucha atención mediática y la gente me buscaba.

Ese año fui por primera vez a hablar a Estados Unidos y el interés creció allí también. Se suponía que tenía que volver a mi país para el nuevo curso escolar, pero decidí quedarme allí un poco más. Recuerdo llamar a mi madre para decirle que no tenía intención de volver a casa. En aquel momento me encontraba en Boulder (Colorado). Le conté que estaban sucediendo cosas extraordinarias en Estados Unidos. En realidad, aquel era el propósito del viaje: averiguar si en el extranjero la gente estaba siquiera interesada en aquel mensaje de paz. En India había mucha gente tremendamente pobre, pero tenían acceso a los tesoros del conocimiento propio. Pero ¿las gentes relativamente acaudaladas de Estados Unidos y otros lugares sentirían la misma necesidad de relacionarse mejor consigo mismas? Enseguida me quedó perfectamente claro que los occidentales sí que tenían la misma sed de autoconocimiento que mis paisanos.

De modo que allí estaba yo: con 13 años y a miles de kilómetros de casa, pero con un claro sentido de la oportunidad que tenía por delante. Y yo sabía lo que quería. Tras una argumentación convincente por mi parte, mi madre accedió —a regañadientes— a que me quedara un poco más de tiempo. No imaginábamos entonces que pronto comenzaría una nueva vida en Estados Unidos, dando conferencias ante multitudes cada vez más grandes, tanto allí como en otros países. Al cabo de pocos años conocería a mi esposa, Marolyn, y fundaría una familia en este país.

Mirar en el lugar adecuado

Llevo mucho tiempo viajando por el mundo con mi mensaje de la paz personal. Cuando sentimos esa paz dentro de nosotros, empezamos a influir en los que nos rodean. La paz es maravillosamente contagiosa. He hablado sobre ello por todo el mundo, desde en reuniones de Naciones Unidas hasta en prisiones de máxima seguridad; desde en países que han sufrido recientes conflictos —como Sudáfrica, Sri Lanka, Colombia, Timor Oriental y Costa de Marfil— hasta en auditorios y estadios de otras muchas naciones. He hablado con todo el mundo, desde con líderes mundiales hasta con antiguos guerrilleros; desde con multitudes de medio millón de personas o millones de telespectadores hasta con grupos pequeños y muchas personas de manera individual. Y ahora hablo contigo, lector, a través de este libro.

Adondequiera que voy, deseo compartir este antiguo mensaje del conocimiento personal y la paz que ha ido pasando de generación en generación, pero siempre busco relacionar ese saber inmemorial con lo que ocurre en la actualidad. Verás que aunque me preocupa el impacto personal y social producido por el desarrollo industrial y tecnológico, al mismo tiempo celebro las ventajas de la modernidad.

Desde luego, la tecnología desempeña un papel fundamental en mi vida cotidiana. Viajar en avión es importante para mí, por ejemplo. De joven siempre pensaba en aviones y soñaba con volar. Realmente deseaba estar entre las nubes. Cuando vine a Estados Unidos, decidí formarme para ser piloto. Desde entonces, volar me ha permitido asumir el control de mis viajes y llegar a lugares lejanos para difundir mi mensaje. Estoy capacitado para pilotar aviones comerciales, helicópteros y planeadores, y soy instructor de vuelo de los tres. Tengo más de catorce mil horas de vuelo y he cubierto miles de kilómetros en el aire. Volar ha sido una parte de mi vida enormemente gratificante.

En las décadas que llevo viajando y dando charlas, hemos asistido a un extraordinario aumento del nivel de vida en todo el mundo. No todas las personas se han beneficiado de ello, claro está, como podría verse en un viaje a India, o a las partes más pobres de Estados Unidos, si vamos al caso. Pero el incremento general del bienestar material ha sido considerable. Y, sin embargo, a cualquier sitio que voy, no parece que haya el correspondiente incremento en el número de individuos que se sientan a gusto con sus circunstancias, plenamente conectados consigo mismos y con un claro propósito vital. A menudo la gente me dice que no se encuentra a sí misma, pero no se encuentra porque busca donde no debe.

Puede ser tentador *salir* al mundo a buscar aquello que perseguimos —y quizá nos reporte grandes experiencias—, pero la verdadera realización solo la encontramos cuando dirigimos la conciencia hacia dentro. La paz está perfectamente formada en nuestro interior desde el momento en que somos creados, pero podemos perder el contacto con ella cuando nos dominan las distracciones de la vida. La gente busca por todas partes el conocimiento personal y la paz, pero no hay necesidad de hacerlo cuando ya tenemos lo que buscamos.

Es necesario que *sintamos* de verdad quiénes somos. Y ese es el gran personaje al que me refería antes y que es esencial en todo esto; la persona a la que tenemos que conocer mejor que a nadie es a uno mismo. Mi punto de vista es que tenemos todo lo que necesitamos en nuestro interior, todos los recursos que se requieren para de verdad conocerse a uno mismo. La claridad y la satisfacción están dentro de nosotros. La generosidad está en nosotros. La oscuridad está en nosotros, pero también la luz. Incluso cuando estamos tristes, la alegría sigue en nosotros. Esos sentimientos no vienen de ningún otro lugar; son parte de nosotros, aunque puede que los hayamos perdido de vista. Básicamente, lo que hago es proporcionar al lector un espejo para que pueda empezar a ver su ser interior claramente.

¿Qué te cuentas?

En mi familia no tuvimos televisión hasta bastante tarde y las emisoras de radio solo transmitían durante unas horas al día, pero nuestra casa estaba llena de contadores de historias. En India hay una larga tradición oral, y consiste en que los profesores transmiten historias a sus estudiantes, los estudiantes las comparten con otros y así sucesivamente. Este enfoque conversacional suponía que las narraciones reflejasen las preocupaciones y acontecimientos contemporáneos, por lo que siempre fue relevante. El escriba sagrado de la antigüedad india Ved Vyas valoraba la tradición oral, pero también tenía la impresión de que ciertas historias se perdían con el tiempo, así que las escribió. Se trata del venerado autor de los textos épicos en sánscrito Mahabharata, y a menudo se le considera el autor o el recopilador de otras famosas compilaciones de textos indios, como los Vedas y los Puranas. En casa tanto los relatos orales como los escritos nos entretenían a todos, pero al mismo tiempo aprendíamos de ellos. Ahora, como orador que soy, comparto las historias que resuenan en mi memoria —también las de otras partes del mundo—, y he incluido algunas de mis preferidas en este libro.

Por lo general las historias tradicionales empiezan con «Érase una vez», pero la gran historia que quiero contar comienza de una manera un poco diferente: «Érase *esta* vez *tu* vida». Todos tenemos una historia que llevamos escribiendo desde que nacimos y es importante que nos coloquemos a nosotros mismos en el centro de la acción. Hemos de disfrutar de quienes somos. Si nos descuidamos, cualquiera puede convertirse en el protagonista principal del drama de nuestra vida —pareja, familia, amigos, colegas, celebridades, políticos e incluso desconocidos—, pero tenemos que mantenernos en el centro de la acción. «¿No es eso ser egocéntrico?», te preguntarás como lector. Todo lo contrario, y expondré por qué empezar con uno mismo es de hecho lo mejor que podemos hacer por otras personas.

Conócete

En algún momento de la historia de la humanidad, la gente se dio cuenta de que hay un nivel de conciencia, más allá del pensamiento, necesario para la supervivencia diaria. Ignoramos cuándo exactamente surgió ese conocimiento; puede que fuera en los primeros tiempos del desarrollo de la humanidad. Lo que sí sabemos es que las señales del conocimiento personal se rastrean como un hermoso hilo a través de muchas de las más grandes culturas y civilizaciones, adaptándolo cada una de la manera que les resultaba más apropiada.

Pensemos en las famosas palabras que con frecuencia se atribuyen al filósofo clásico griego Sócrates: «¡Conócete a ti mismo!». Se dice que la misma frase también se esculpió en el Templo de Apolo en Delfos. Algunos historiadores creen que los griegos adoptaron ese aforismo de los antiguos egipcios. Al parecer el templo interior de Luxor tenía una inscripción que decía: «Hombre, conócete a ti mismo y conocerás a los dioses». Hablaremos sobre esos dioses más adelante. La cuestión es que la frase no es «Conoce tu historia» ni «Conoce tu cultura» ni «Conoce la sociedad»; es muy precisa: «Conócete a *ti mismo*».

¿Te conoces a ti mismo?

Cuando hago esa pregunta, la mayoría de la gente se limita a sonreír y a decir algo como «quizá» o «no estoy seguro». ¿Quién eres? Es una pregunta sencilla que puede ser difícil de contestar, en parte porque normalmente tendemos a responder con palabras más que con sentimientos. Las palabras son un buen punto de partida, pero conocer nuestro ser trata de lo que *experimentamos* más que de cómo nos definimos a nosotros mismos. Lo que pretendo decir es que, a lo largo de muchos siglos, la gente ha experimentado la satisfacción que se deriva del verdadero autoconocimiento, y todos podemos hacerlo.

Parte de mi trabajo consiste en ayudar a contrarrestar los efectos de un mundo que puede distraernos fácilmente de quiénes somos. Mucha gente te dirá lo que no eres; yo quiero ayudarte a que sepas quién eres. Mucha gente te dirá encantada todo lo malo que tienes; yo quiero ayudarte a que aprecies todo lo bueno que hay en ti; mucha gente no dudará en decirte que deberías ser más así o asá; yo pretendo decirte que tienes la perfección en tu interior. Sobre la marcha llegarás a responder por ti mismo a la pregunta «¿Quién soy?». Y quizá incluso a «¿Por qué estoy aquí?».

Hasta ahora, mi mensaje empieza con la verdad fundamental de que la paz está en cada uno de nosotros sin excepción. Resulta una declaración importante frente a tanta confusión, tanto cinismo, miedo y desesperación como hay en el mundo. Mi propuesta es sencilla, práctica y fácil de aplicar. No se trata de estudiar durante años; ya tenemos lo que necesitamos dentro de nosotros. Pero el conocimiento de uno mismo solo puede comenzar cuando asumimos la responsabilidad de nuestro propio bienestar y elegimos explorar nuestro interior. Según mi experiencia, la paz solo es posible cuando empiezas contigo mismo.

Aristóteles, el filósofo de la Antigüedad Clásica, dijo: «Conocerse a uno mismo es el principio de toda sabiduría». Del conocimiento propio y la paz emana un gozoso y grato sentimiento de amor, alegría, claridad, plenitud, amor, resiliencia y muchas otras cosas; sensaciones que pueden disfrutarse como un fin en sí mismas y que no están ligadas a nadie ni a nada más. Dejemos que este pensamiento nos penetre por un momento: tenemos un suministro vitalicio de paz interior que no depende de otras personas, que no lo definen otras personas ni nada exterior a nosotros. Es nuestro y solo nuestro. Es perfecto, y radica en el mismísimo corazón. Ahí es adonde ahora nos dirigimos.

Oye el sonido secreto

Kabir, el poeta indio del siglo XV, dijo: «Si quieres la verdad, te diré la verdad: escucha el sonido secreto, el sonido real, que está en tu interior». El conocimiento de uno mismo es como la música: a medida que te vas entendiendo a ti mismo, empiezas a oír los muchos sonidos maravillosos que la vida puede interpretar para ti. Es como si el oído se sensibilizara a más y más frecuencias. Al final, por encima del ruido, te oyes a ti mismo. Te conviertes en músico también, y creas maravillosas melodías que deleitarán a quienes las oigan. Y puede que también inspires algunas armonías. Pero, como cualquier músico, debes aprender a tocar tu instrumento y practicar, practicar, practicar.

Recuerdo un tiempo, en Dehra Dun, en que la gente tocaba música en su casa por mero disfrute. Muy pocos eran músicos de verdad ni por asomo, pero tocaban sin parar a menudo; mientras a su alrededor las otras personas y los animales residentes en la casa se ocupaban de sus asuntos. A lo mejor alguien tenía un *dhapli,* o pandereta, y puede que hubiera un pequeño teclado como un armonio, y un instrumento de una cuerda, como una guitarra, llamado *ektara.* Por lo general el sonido era muy básico, pero los músicos estaban admirablemente inmersos en la experiencia de tocar.

A veces mi padre se quedaba fuera escuchando. «Shh», decía. «Que no se enteren de que estamos aquí, porque entonces dejarán de tocar». Quería que permanecieran en ese momento y que se expresaran a sí mismos sin pensar; sin preocuparse por el hecho de interpretar para otros y sin esforzarse por ser técnicamente correctos. Es algo muy parecido a practicar el conocimiento de uno mismo: no se trata de la perfección del instrumento utilizado ni de la reacción del público a la interpretación, se trata del sentimiento que experimenta el instrumentista.

Imaginemos cómo el sentimiento de paz podría cambiar la forma en que vivimos cada precioso momento. Imaginemos que todos los que nos rodean pudieran conseguir esa profunda conexión con quienes son. Imaginemos que todos pudieran oír y tocar la música del conocimiento propio. Pensemos en el impacto que eso tendría en los individuos, las familias, las comunidades, la política, la guerra, en nuestro mundo.

Bueno, pues ese proceso comienza de persona en persona; en este caso, *contigo*.

Empecemos.

El ruido que tenemos en medio de los oídos

Nuestro tiempo es muy valioso, ¿quién sabe cuánto tendremos? Cada día recibimos el magnífico regalo de la vida. La mayor responsabilidad que tenemos con nosotros mismos es asegurarnos de vivir cada momento lo mejor que podamos. Cuando eso sucede, es como si la vida floreciera en todo su esplendor. Incluso en los momentos difíciles podemos experimentar el puro gozo de la vida misma. Pero para aprovechar el tiempo al máximo debemos tener cuidado con la atención, prestándosela solo a lo que importa: a lo que verdaderamente tenemos que hacer y a lo que más nos llena. Todo lo demás es ruido.

Quiero que mi agenda diaria esté despejada. La agenda para hoy es la alegría. La agenda para hoy es la generosidad.

La agenda para hoy es la plenitud. La agenda para hoy es el amor. Por encima de todo, la agenda para hoy es vivir en paz. Puede que surjan actividades extracurriculares —todas esas cosas prácticas o necesarias que entran en nuestra vida—, pero ninguna debe distraernos de la prioridad de vivir la vida con plenitud.

Con frecuencia la gente habla de la necesidad de centrar la atención. Lo que yo sugiero es que vemos con más claridad cuando miramos tanto fuera como dentro de nosotros mismos. El mundo está lleno de increíbles y gozosas oportunidades, pero si solo nos ocupamos de lo que ocurre «fuera», y perdemos contacto con lo que sucede dentro de nosotros, podemos perder la perspectiva y empezar a sentirnos faltos de equilibrio.

Cuando digo «dentro de nosotros», me refiero a la parte más profunda de quienes somos. Yo considero que es el corazón, más que la mente. Con mucha facilidad podemos terminar empleando todo nuestro tiempo en el inquieto mundo de la mente —en la provincia de los pensamientos, las ideas, las expectativas, los proyectos, las ansiedades, la crítica y la fantasía de las cosas que están fuera de nosotros—, y entonces un día nos preguntamos: «¿Y *eso* es todo? ¿Eso es todo lo que soy? ¿No soy más que un vehículo para ese flujo interminable

de pensamientos?». Esta ansia de sentido y plenitud personales, más allá de lo que ocurre en la mente, transciende las
culturas.

Bueno, ¿eso *es* todo? ¿Eso *es* todo lo que somos? ¿Somos
mucho más que una mente dentro de un cuerpo? La respuesta
es que la vida es mucho más —mucho, mucho, mucho más—,
nosotros somos mucho más que lo que nos pasa por la cabeza.
En efecto, con frecuencia es la mente la que nos distrae de una
conexión más honda con nuestro ser. El reto para muchas personas es que crecieron rodeadas de distracciones externas, pero
nunca les enseñaron cómo relacionarse consigo mismas *más
allá del pensamiento*.

Sin esa honda conexión interior, puede que tengamos la
sensación de que nos falta una parte de nosotros —quizá
la más importante—, pero no sabemos muy bien de qué se
trata ni dónde encontrarla. Lo que echamos en falta es una
conexión con nuestro propio sentido de paz interior; con el
corazón de lo que somos. Cuando estamos conectados con
esa paz, nuestra experiencia de la vida se ve enriquecida por la
claridad; por un claro sentido de lo que *de verdad* importa. Si
empezamos cada día en un lugar de calma —de verdadero
conocimiento de nuestro ser—, luego podemos salir al mun-

do exterior centrados en lo que más queremos hacer, experimentar y sentir.

Por tanto, tenemos a nuestra disposición paz, satisfacción y otras muchas maravillas, pero hemos de asegurarnos de que buscamos en el lugar adecuado. Antes de seguir adelante, quizá sirva de ayuda comprender un poco más qué es esa cosa llamada ruido.

El ajetreo de la vida

Puede que te resulte fácil identificarte con lo siguiente: te despiertas por la mañana y lentamente abres los ojos, bostezas y te estiras. Y de repente te invaden. Todos esos pensamientos sobre el día que te espera. Todos esos objetivos que tienes que conseguir y esos planes a los que debes aplicarte. Todas esas expectativas y opiniones de familiares, amigos y colegas. Todos esos problemas en casa o en el trabajo. Todas esas preocupaciones por las cosas que sucedieron ayer o que pueden suceder mañana. El pasado y el futuro se juntan en una cacofonía de ruido.

Es como si las muchas distracciones de tu mundo se sentaran pacientemente a los pies de la cama esperando a que emerjas del sueño, momento en el que se lanzan a la vida. *Tu* vida. De hecho, a veces las distracciones son tan impacientes que van y te despiertan muy temprano. «Hora de levantarse», gritan. «Tenemos que alimentarnos».

A algunos amigos les oigo este coro de quejas:

«Tengo muchas ocupaciones».

«No tengo ni un minuto para mí mismo».

«Es un no parar».

A menudo la gente habla como si se hubieran convertido en sirvientes de las actividades —el *ajetreo*— de la vida. Con demasiada facilidad dejamos que las distracciones determinen nuestra agenda, y entonces parece que el tiempo se evapora. Cuando eso sucede, nos perdemos las bendiciones de las horas de vigilia, el contento y la dicha que están ahí para que los disfrutemos. Así es como el ruido puede menoscabar nuestra experiencia de la vida.

Maravillas y retos

La tecnología iba a ayudarnos a solucionar el problema del ajetreo. Nos dijeron que nos libraría de las tareas aburridas y engorrosas y que nos daría libertad para hacer más de lo que queremos. No ha resultado del todo así.

Ahora bien, como he dicho en la introducción, me gusta la tecnología, así que no pretendo sugerir que deberíamos volver a una forma de vida menos avanzada técnicamente. En la época en que me ha tocado vivir, la invención y la innovación han logrado cosas asombrosas para la humanidad, también para mí. El progreso tecnológico ha contribuido a elevar los niveles de prosperidad, salud y comodidad de millones de personas. Nos ha posibilitado viajar más lejos, más deprisa y con más seguridad que nunca. Nos ha permitido permanecer en contacto con seres queridos que viven a muchos kilómetros de distancia. Ha llevado nuevos servicios, información y ocio a nuestros hogares. Y confío en que llegue mucho más, en especial a las personas más pobres del planeta.

Mi experiencia del cambio tecnológico empezó cuando mis padres compraron un frigorífico. Por entonces, India iba a la zaga del progreso técnico, así que cuando este costoso objeto llegó a casa nos quedamos todos un poco sobrecogidos. Se puso en una habitación separada de la cocina y no sabíamos qué guardar en él. Durante un tiempo solo metimos jarras de agua, hasta que alguien nos dijo: «¡Vamos, podéis guardar verduras y frutas también!». Y nos enseñó a hacerlo.

De niño era muy curioso, y quería saber si la luz interior del frigorífico se apagaba al cerrarse la puerta. Así que me metí dentro, y cerré la puerta. Al cabo de unos dos minutos, alguien vino y la abrió. Menudo susto se llevó: «¡Hay algo vivo en el frigorífico!». Pero yo ya tenía mi respuesta.

Luego llegó el teléfono. Pero, en lugar de teclear un número, levantábamos el auricular y allí estaba el operador, esperando para conectarnos. Si era una llamada local, simplemente le decíamos el nombre y nos comunicaba.

Más adelante, cuando íbamos a Delhi, utilizábamos el teléfono para averiguar si un amigo de la familia, que tenía uno de los primeros televisores que hubo en la ciudad, iba a encenderla esa tarde. ¡Nosotros siempre queríamos ir a verla con él! ¡Qué gran avance supuso ver la última película en tu propia tableta o teléfono!

Podemos apreciar los beneficios de la tecnología y abrazar la innovación, pero junto con las maravillas y los retos. Debemos asegurarnos de que la tecnología funciona siempre en nuestro beneficio. No me gusta cuando tengo la impresión de que la tecnología me maneja. Quiero mantener el control y tomar las decisiones que me afectan. Quiero ser de los que conectan y desconectan la tecnología.

Pasará

A veces me parece sorprendente la relación emocional que la gente establece con sus aparatos. Hace unos años estuve en Camboya dando una charla a unos excelentes estudiantes. En cierto momento, durante las preguntas, una joven se levantó con cara de disgusto: «He visto vídeos suyos en los que dice que no deberíamos vivir en el pasado, que deberíamos vivir en el presente...». Bueno, enseguida imaginé que debía de haber sufrido alguna experiencia traumática —quizá la muerte de sus padres— y me alegraba de que se sincerase conmigo. Y entonces dijo: «Pues ayer perdí el teléfono móvil. Y todavía lo lamento y me apena. ¿Qué puedo hacer para estar contenta otra vez?».

No me esperaba algo tan carente de dramatismo, pero la tristeza de la joven parecía genuina. Le contesté: «¿Naciste con un teléfono? No. ¿Sabes cuánto tiempo ha existido la humanidad sin teléfono? Durante miles y miles de años los seres humanos no tuvieron teléfono. ¿Y estaban todos tristes? ¡No! Las cosas van y vienen. Tu alegría no puede depender de esas cosas. ¿Deberías estar preocupada? Sí. ¿Deberías estar triste? ¡No!

»Cuando el viento sopla con verdadera fuerza, los árboles que no saben cimbrearse se rompen. Pero los árboles que saben balancearse con el viento, permanecen. Solo es una tormenta, pasará. Pero tú tienes que estar por encima. No te pasará nada».

Y luego le pedí a mi ayudante que le comprara un teléfono nuevo.

Permanentemente conectado

Así pues, veo que el progreso tecnológico está transformando positivamente el mundo a nuestro alrededor de muchas maneras, y yo me alegro. Pero cuando nos referimos al mundo que tenemos en nuestro interior, los sentimientos se me complican un poco.

La tecnología —especialmente en comunicaciones— puede ser un amplificador del ruido de la vida; un multiplicador de las distracciones que compiten por nuestra atención. Muchas personas afirman que se sienten bombardeadas por correos electrónicos, textos, notificaciones, cartas, etcétera. Pero también nos preocupamos por los mensajes que aún *no* hemos recibido y las personas que aún *no* nos siguen.

Los seres humanos se adaptan rápidamente a nuevas situaciones, pero da la impresión de que algunos nos dejamos llevar por la marea de la innovación en lugar de dirigir nuestro propio rumbo. La tecnología está ahí para ayudarnos a mantenernos en contacto unos con otros, pero en cambio puede ocurrir que estemos perdiendo contacto con nosotros mismos. A veces parece como si nuestros aparatos nos sobrecargasen. Es como si nos hubiéramos comprado un caballo para que nos lleve de un lugar a otro, pero hubiéramos terminado llevando nosotros al caballo.

Cuando notamos la exigente llamada de la tecnología, deberíamos preguntarnos: ¿en este momento me siento libre o he cedido una parte de mí a esta constante conectividad? Se nos ha dicho que vivimos en un mundo «permanentemente conectado»; ¿no nos vendría bien presionar el botón de pausa más a menudo?

Es un reto el que nuevas formas de redes sociales ofrezcan una fuente perenne de nuevos materiales. Eso puede ser magnífico y gratificante, pero en lugar de encontrar estimulante lo nuevo, podemos terminar deseando lo siguiente. Y nos angustia que nos perdamos algo importante. Existe un acrónimo que describe ese fenómeno: FOMO, siglas en inglés de *«fear of missing something out»*, que significa «temor a perderse algo».

Ahora estamos ante una nueva oleada de tecnología: innovaciones que podrían hacer grandes cosas por nosotros, pero con consecuencias que debemos considerar cuidadosamente. La inteligencia artificial, la realidad aumentada, la realidad virtual: hay muchas posibilidades apasionantes, pero hay que asegurarse de que la tecnología nos ayuda a mejorar nuestra realidad cotidiana. Recuerdo un comentario realizado por el economista John Kenneth Galbraith: «El impulso hacia el logro tecnológico complejo da una idea de por qué a Estados Unidos se le dan bien los aparatos espaciales y mal los problemas de los barrios marginales».

En ocasiones me preguntan: «¿Qué va a suceder cuando llegue la inteligencia artificial?». Bueno, tú seguirás siendo tú. Yo seguiré siendo yo. Los seres humanos seguirán siendo seres humanos. Puede que te haga gracia saber que utilizo una afilada piedra de dos mil seiscientos millones de años para quitar la tapa trasera de mis aparatos digitales, cuando estos requieren mantenimiento. Algunas tecnologías conservan su valor.

El gran académico y escritor de ciencia ficción Isaac Asimov dijo: «El aspecto más triste de la vida actual es que la ciencia gana en conocimientos con más rapidez que la sociedad en sabiduría». Pero siempre tenemos la oportunidad de cambiarlo. Y siempre debemos recordar que hay una realidad profunda dentro de nosotros que está colmada de sabiduría.

Se busca algo ameno

La sensación de sobrecarga está relacionada con algo más que la tecnología, por supuesto. A veces las expectativas que otras personas tienen de nosotros se añaden a la presión que sentimos. Y luego están nuestras propias expectativas: los deseos e impulsos no satisfechos, esos persistentes anhelos de los que no nos libramos. La ambición es buena, pero no cuando nos impide experimentar la plena riqueza de la vida. Estamos tan ocupados buscando el éxito, que no tenemos tiempo para disfrutar de quienes ya somos. Y algunos estamos tan ocupados queriendo ir a otro sitio, que no vemos dónde nos encontramos en este instante. Nuestra mente puede ser también un mundo «permanentemente conectado».

Cada generación trata de encontrar formas de responder a ese insaciable deseo de algo más. Séneca, el filósofo romano, para entender ese «temor a perderse algo» del que hablábamos antes, en su ensayo *Sobre la brevedad de la vida,* escribió:

> ... los hombres emprenden vagas peregrinaciones y navegan por mares desconocidos, y tanto por tierra como por mar ponen a prueba ese descontento tan enemigo de lo presente. «Vayamos a la Campania». Pronto nos fastidian aquellos campos deleitosos. «Visitemos las zonas incultas, recorramos los bosques de los Abruzos y de la Leucania». Y, sin embargo, en los parajes agrestes se busca algo ameno... En cuanto se termina un viaje se emprende otro y los espectáculos se cambian por otros espectáculos. Como dice Lucrecio: «El hombre siempre huye». Pero ¿con qué fin, si no puede escapar de sí mismo?

Y, sin embargo, en los parajes agrestes de la vida moderna, se busca algo ameno. El mundo exterior nos brinda maravillosas oportunidades para conectar con la gente y experimentar cosas nuevas. La tecnología de las comunicaciones lo amplía enormemente, y es estupendo. Pero lo que de verdad buscamos está dentro de nosotros. Esto es lo que quiero saber de una persona: ¿cómo es el mundo de las redes sociales *dentro* de ti? ¿Te *sigues?* ¿Te *gustas?* ¿Sabes cómo ser tu propio *amigo?* Si no eres un amigo para ti, ¿realmente puedes serlo de otras personas?

A veces lo que necesitamos es dejar los aparatos y sentarnos con la persona que es nuestro fan número uno: nosotros. Como dijo el antiguo filósofo chino Lao Tzu: «Conocer a los demás es señal de buena inteligencia, pero la verdadera sabiduría radica en conocerse a uno mismo».

El otro día un amigo y yo estábamos charlando, y de pronto cogió el teléfono y dijo: «Me pregunto qué es tendencia en estos momentos». *Tendencia.* ¿Qué es tendencia en estos momentos? Yo te lo diré: nosotros. Empezamos a ser tendencia desde el día en que nacemos, y seguiremos siéndolo hasta el día en que dejemos de serlo por completo. Y entonces nada de este mundo nos importará. Ese día, nuestro dispositivo podrá sonar, vibrar, zumbar y pitar todo lo que quieras, porque no lo oiremos.

Ahora viene la buena noticia

¿Así que quieres encontrar un mejor equilibrio entre lo que pasa en el mundo exterior y lo que sucede por dentro? ¿Reducir las distracciones que hay en tu vida y hallar contento? ¿Experimentar esa dulce sensación de estar alegre y pleno en cada momento? ¿Bajar el volumen del ruido y oírte a ti mismo? Todo esto es perfectamente posible. Pero, primero, tenemos que reconocer que el ruido del mundo exterior es irrelevante para sentir paz interior. En otras palabras, solo debemos ocuparnos del ruido que hay entre nuestros oídos.

La gente prueba toda suerte de cosas para escapar de ese ruido. Se cubre con mantas y se tapa los oídos con almohadas. Sube montañas, recorre bosques, corre. Sube a treinta mil pies de altura y los desciende bajo las olas. Va de peregrinación y visita silenciosos retiros en rincones remotos. Va al templo, la iglesia, la mezquita, o al centro comercial, al bar o acude al traficante. Pero el ruido sigue ahí. Está atrapado entre nuestros oídos, así que no puede vivir en ningún otro sitio. Como lo expresó el escritor estadounidense Ralph Waldo Emerson:

Aunque viajemos por todo el mundo en busca de la belleza, debemos llevarla con nosotros o no la encontraremos.

Así, el ser humano huye siempre, pero ¿con qué fin si no puede escapar de sí mismo? A menos que encontremos la paz en nuestro interior, el ruido siempre se topará con nosotros.

¡Ahora viene la buena noticia!

El ruido no nos sucede así, sin más; nosotros *permitimos* que nos suceda. Podemos *elegir* cuándo apagar nuestros dispositivos. Podemos *elegir* cómo manejar nuestra bandeja de entrada mental. Podemos *elegir* a quién escuchamos, quién nos importa y a quién respondemos.

He mencionado que la gente intenta escapar del ruido a treinta mil pies de altura. Permíteme, lector, que te lleve ahí arriba por un momento. Como soy piloto, he estado dentro de muchas cabinas y he pilotado diferentes tipos de aviones. Ahora hay mucha automatización, con ordenadores que toman muchas de las decisiones. De hecho, a medida que la tecnología se incrementaba, los pilotos prestaban más atención a la automatización que al avión. Pero hay que pilotar el avión, no los ordenadores, sobre todo en las emergencias. Cuando yo estaba formándome, el instructor me decía: «Si hay algún problema con la tecnología, apágala y haz lo que siempre has hecho: ¡pilotar el avión!».

Eso es lo que tenemos que hacer cuando hay demasiado ruido en nuestra vida: apaga las otras cosas y gobierna tu ser. Y eso lo hacemos mediante las decisiones que tomamos.

Un solo momento de elección positiva puede ser el comienzo de un viaje transformador a través del conocimiento propio hacia la calma interior, la atención, el contento y la paz. Nos encaminamos hacia la paz interior cuando *elegimos* dirigir la atención hacia dentro. Una vez que conectamos plenamente con nuestro ser interior el ruido deja de ser un intruso y empieza a ser un amigo, un amigo particularmente ruidoso, absorbente e inquieto al que solo vemos cuando nos conviene.

También es importante fijarse en la frase «dirigir la atención hacia dentro». No tiene por qué ser una elección entre una cosa u otra, entre tecnología y la paz interior; entre ruido y contento; entre mundo exterior y mundo interior. La gente a veces supone que o puede tener todas las ventajas de la modernidad o paz interior, como si una cosa fuera incompatible con la otra. No tenemos que sacrificar una por la otra, solo hemos de asegurarnos de que somos nosotros los que elegimos adónde va nuestra atención.

La cuadrilla de ladrones

Pongamos en acción este planteamiento de la elección positiva sobre un tema concreto. Nos roban el tiempo: eso es lo que mucha gente parece sentir. ¿Es eso verdad? Quizá algunas de las nuevas tecnologías de las redes sociales son ladrones de la atención (algunas parecen diseñadas para que así sea), y en el fondo todos sabemos que nuestros deseos pueden distraernos de la serenidad.

¿Quién abre la puerta a los ladrones? ¡Nosotros lo hacemos! Llevamos el mundo exterior a nuestro interior. Con frecuencia es estupendo y gratificante encontrarse con cosas, personas e información nuevas, forma parte del aprendizaje. Pero debemos estar pendientes de la entrada a nuestra mente y a nuestro corazón. Cuando dejamos entrar poco menos que todo y a todos, nos convertimos en cómplices del robo de nuestro tiempo. Puede que otras personas sean catalizadores, pero nosotros somos la fuente principal de nuestro malestar. Somos la fuente principal de nuestra confusión. Somos la fuente principal de nuestro descontento. Somos la fuente principal de nuestra dispersión. Pero también somos la fuente principal de todas las muy positivas cualidades que nos devuelven la alegría, la claridad, la plenitud, la atención y la paz interior.

Cuando siempre estamos buscando qué es lo siguiente, cuando lo que nos hace humanos empieza a desaparecer, cuando dependemos de algo tanto que perdemos el contacto con nosotros mismos, entonces es cuando necesitamos cerrar temporalmente la puerta al mundo exterior y volver a conectar con el interior. Ahí es donde alcanzamos la verdadera libertad.

Recuperar de esta manera el control de nosotros mismos puede ser tremendamente liberador. Nos ayuda a hallar, apreciar y ser plenamente la persona que vive y respira aquí y ahora. Siempre tenemos la opción de dejar que el mundanal ruido vaya a lo suyo y centrar la atención en nuestro fuero interno. Yo soy la única persona que puede hacerlo por mí; tú eres la única persona que puedes hacerlo por ti. Solo tú tienes acceso a tu control del volumen, nadie más.

El ruido engendra ruido. La gente tapa el ruido con más ruido, y cada vez se hace más alto. Pero hay algo que vence al ruido: el silencio interior. He aquí unas palabras del poeta del siglo XIII Rumi:

Eres canción, una canción anhelada.

A través del oído ve al centro,

donde está el cielo, donde el viento,

donde el conocimiento silencioso.

Cuando acallamos el ruido de la mente, puede oírse el corazón. Entonces descubriremos una voz muy dulce y apacible; una llamada, no con palabras sino con sentimiento. ¿Qué es ese sentimiento? Es la expresión interior de «yo soy, yo soy, yo soy». Esta canción del corazón nos invita a estar a la altura de la situación, y la situación no es otra que la vida misma.

Claridad y acción

Puede que estés pensando: todo eso está muy bien, pero ¿qué pasa cuando las cosas *requieren* mi atención, cuando no se puede hacer caso omiso del ruido de la vida? Sí, siempre hay asuntos que realmente tenemos que afrontar, pero también hay muchas preocupaciones diarias que entran en nuestra imaginación negativa y las sobredimensionamos, otorgándoles más importancia de la que tienen. Pensemos en esa muchacha camboyana que perdió el teléfono. El asunto la trastornó por completo, pero realmente era solo un momento pasajero. No era para tanto, pero todos los «no era para tanto» juntos pueden ascender a la suma de nuestra vida.

Cuando experimentamos dolor y sufrimiento, buscamos explicaciones; pero la búsqueda de explicaciones puede convertirse en un problema también. En lugar de intentar explicar, lo primero que hago cuando me enfrento a problemas serios es volverme hacia dentro y reconocer el hecho más importante para mí: «Yo soy, yo soy, yo soy». Eso me da la mayor y mejor perspectiva desde la que considerar cualquier problema que aparezca. El conocimiento propio empieza con la comprensión de que lo más importante que tienes va perfectamente: estás vivo. Estás aquí, respirando, con todas las posibilidades que eso ofrece: ¡enhorabuena!

Cuando llegan los problemas —que siempre lo hacen—, podemos elegir verlos tal como son, abordarlos directamente, o evitarlos y seguir adelante. Un piloto puede estar sentado en la cabina e ir todo a las mil maravillas hasta que se encuentra con turbulencias. No las ve, las siente. Por lo general empiezan despacio, y con frecuencia desaparecen sin más. Pero a veces empeoran y hay que actuar. Es el momento de dejar esa altitud y encontrar una atmósfera mejor. Hay que subir, bajar, ir a la izquierda, a la derecha, lo que sea. Ocurre lo mismo con las tormentas, pero ahí la ventaja está en que se puede ver lo que se tiene delante.

En nuestra vida cotidiana siempre va a haber momentos turbulentos, y a veces vamos a verlos venir y otras veces no. Es entonces cuando tenemos que elegir: o no voy a preocuparme por ello o voy a cambiar de altitud. Cualquiera de las dos elecciones es mejor que seguir volando en medio de las turbulencias sin decidirse ni por una cosa ni por la otra, porque entonces la situación se pone incómoda. Cuando eso sucede, nos olvidamos de todo salvo de la turbulencia y, en realidad, podríamos ir disfrutando del viaje. Nos olvidamos de las maravillosas vistas del otro lado de las ventanillas. Y dejamos de hablar con los demás pasajeros.

En medio de los problemas podemos inspirarnos en la flor de loto. Prospera incluso cuando tiene las raíces en agua sucia. Por inmunda que sea su ubicación, la flor siempre es hermosa. Cuando nos sentimos acuciados por los retos, podemos tomar la decisión de no dejar que el agua sucia de nuestras circunstancias nos impida expresar la dicha de sencillamente *ser*.

¿Y si...?

Nos arrepentimos del pasado y sentimos ansiedad por el futuro: resulta difícil prosperar en la vida si nos dejamos atrapar una y otra vez entre estas dos circunstancias. Los recuerdos nos atosigan. Las preocupaciones por el mañana nos obsesionan. ¿Y si eso no hubiera sucedido? ¿Y si sucede? Nuestra imaginación negativa nos pilla de las dos maneras. Algunas personas no soportan pensar en el pasado, por lo que no dejan de mirar hacia la aparente seguridad del futuro. Otras viven en un mundo virtual de nostalgia del ayer porque temen al mañana. ¿Y si...? ¿Y si...? ¿Y si...?

Esparta fue una de las ciudades-estado más destacadas de la antigua Grecia y sus gentes eran famosas por ser muy fuertes. Después de haber invadido el sur de Grecia y tomado otras ciudades importantes, el rey Filipo II de Macedonia se fijó en Esparta. Un relato del autor griego Plutarco nos cuenta que Filipo envió un mensaje a los espartanos preguntándoles si debía ir como amigo o como enemigo.

«Ni lo uno ni lo otro», respondieron.

Así que Filipo envió otro mensaje: «Os aconsejo que os rindáis sin más dilación, porque si voy con mi ejército a vuestro territorio destruiré vuestras granjas, daré muerte a vuestro pueblo y arrasaré vuestra ciudad».

Los espartanos respondieron con una sola palabra: «Si...».

Filipo nunca intentó tomar la ciudad.

¿Y si...? ¿Y si...? ¿Y si...? Quizá, a este respecto, deberíamos adoptar el enfoque espartano y no apelar al miedo. Nosotros también podemos vivir una vida moldeada por nuestra imaginación negativa y los espejismos deformes que proyecta sobre la realidad.

Te contaré una historia sobre las ilusiones y el efecto que pueden tener sobre nosotros.

Había una vez una reina que poseía un deslumbrante collar. Un día estaba en el balcón, secándose el pelo, cuando se lo quitó y lo puso en un gancho. Un cuervo que pasaba por allí vio la joya destellando al sol, la cogió y salió volando. No se había alejado mucho cuando dejó caer el collar en un árbol y se quedó enganchado en una de sus ramas, sobre un río contaminado.

Cuando la reina fue a echar mano del collar y vio que no estaba, se puso furiosa. «¿Quién lo ha robado?», gritó. Mandó a todo el mundo que lo buscara, pero nadie lo encontró. Le dijo al rey: «Si no aparece, no volveré a comer».

El rey estaba muy preocupado y envió a su ejército y a otras personas a buscarlo, pero este no apareció. Así que finalmente el rey anunció: «Quien encuentre el collar recibirá la mitad de mi reino». Entonces la gente se puso a buscar *de verdad*.

Al día siguiente el general pasó junto al árbol y creyó que lo había visto abajo en el río. Se tiró a aquellas aguas sucias al instante, porque deseaba la mitad del reino. El ministro vio lanzarse al general, y él también pensó que lo había visto y saltó al agua. El rey vio a su general y a su ministro buscando en el río y se zambulló. Para entonces, habían llegado más soldados y aldeanos, y todos ellos también se metieron en el agua.

Finalmente, alguien con un poco de sentido común dijo: «¿Qué estáis haciendo? El collar no está ahí abajo; está arriba en el árbol. Os habéis lanzado tras su reflejo». Entonces el rey dijo: «Puesto que has sido tú quien ha encontrado el collar, la mitad de mi reino es tuyo». Y la persona sensata respondió: «Gracias, pero estoy contento como estoy».

Perseguimos ilusiones engañosas. La mayor ilusión es que lo que buscamos son las distracciones de la vida; sin embargo, la realidad interior nos ofrece más maravillas de las que podríamos esperar ver. Siempre tenemos la posibilidad de conectar con *esa* realidad.

Espejito, espejito

Toda nuestra vida se vive hoy. En este mismo instante. En este segundo. Y en este. Y en este. No podemos vivir en el ayer, no podemos vivir en el mañana. Además, es en el hoy donde sucede la magia. Hoy es el lugar donde verdaderamente sentimos paz, alegría y amor. Es donde deberíamos estar: presentes en el presente. Para experimentar el hoy tenemos que desprendernos del ayer y del mañana, y entonces nos quedamos con lo que es real. El único FOMO que debería preocuparnos es perdernos la realidad mientras vivimos.

El hoy es un espejo. Nos refleja perfectamente. Es fidedigno y verídico y no es solo un retrato del rostro, el pelo y la ropa sino de todo lo que tiene que ver con nosotros. Refleja la claridad o la confusión. Refleja la confianza o la duda. Refleja la bondad o la ira.

Si te pusieras delante de un espejo, ¿qué verías? ¿Con quién te encontrarías? ¿Qué representa tu reflejo para ti? ¿Te estás viendo a través de tus ojos? Eres consciente de que tu apariencia ha cambiado con el paso de los años, pero ¿eres capaz de ver algo que no haya cambiado nunca?

En el centro de nuestro mundo

Nacemos con paz en el corazón y siempre está ahí, dentro de nosotros, en el centro de nuestro mundo. A pesar de las dificultades y las distracciones, a pesar de nuestros problemas y de la confusión, la paz es posible en el interior de cada uno de nosotros.

Sea lo que sea lo que nos ha pasado en la vida, siempre existe la oportunidad de juntar todos los elementos que nos completan. A medida que la vida exterior se nos hace cada vez más ajetreada y exigente, podemos perder contacto con lo que es más importante. Pero todo lo de fuera de nosotros vendrá y se irá, solo está de paso. Quita todo el ruido que hay en tu vida y lo único que queda eres tú. *Tú* —en lo profundo del corazón— eres lo constante.

Hay diferentes caminos para conectar con la paz, pero solo una dirección de viaje: hacia el interior. Algunas personas se pasan la vida en una perpetua búsqueda espiritual, visitando todos los rincones de lo que hay *ahí fuera* con la esperanza de que le proporcionarán la gran respuesta a lo de *aquí dentro*. Mi consejo es dejar de buscar. La paz no es una idea. No es una teoría. No es una fórmula. No es algo que pueda descubrirse en un pasaje escrito en las páginas de un libro antiguo, escondido en un estante secreto de un extraño edificio en un oscuro lugar en lo alto de una montaña rodeada de niebla. La paz está en las personas, no en las cosas. Está en *ti*. Y lo está para que lo percibas, lo sientas, lo experimentes y lo celebres. El poeta indio Kabir lo expresó así:

Acalla la mente, acalla los sentidos, y acalla también el cuerpo. Luego, cuando todo esté en calma, no hagas nada. En ese estado la verdad se te revelará.

El proceso de alcanzar el conocimiento personal y descubrir la paz interior es sencillo, pero no necesariamente fácil. Hay quien gana claridad en un momento, otros lo intentan durante toda la vida. En las páginas que siguen examinaremos más a fondo lo que supone encontrar la paz y los maravillosos tesoros que trae consigo. Pero primero debemos reflexionar sobre por qué todo esto es tan importante. Y qué es esa cosa llamada vida.

Sobre la vida, la muerte y otras cuestiones

Existe una fuerza que circula por el universo desde hace miles de millones de años. Estaba ahí antes que nosotros y nos sobrevivirá. Está presente en cada átomo y ha dado vida a algo maravilloso llamado naturaleza, donde está incluido todo lo que crean los seres humanos.

Todo lo que vemos, tocamos, oímos, olemos y saboreamos es expresión de esa fuerza. Está en las montañas y en los valles, y en la profundidad de las grutas. Está en los bosques y en las selvas, y en cada grano de arena de los desiertos y de las playas. Está en la inmensidad de los océanos, en los lagos

y en los estanques, y en los ríos estruendosos, en las casca-
das y en los apacibles arroyos. Está en la lluvia, en la bruma
y en la niebla; en el hielo y en la nieve; en cada rayo de sol y en
cada ráfaga de viento. Y está en todas las ciudades, los pueblos, las aldeas y los hogares. Está en todo lo que respiramos,
comemos y bebemos. Está en nosotros y en lo que nos rodea:
en todas partes.

Así es como entiendo la fuerza vital que conecta a todos los
seres vivos. Algunas personas la llaman Dios, otras utilizan un
nombre diferente. Para mí, es indiferente el nombre que demos a esta fuerza, sencillamente *es.*

Tú eres un milagro

La fuerza se manifiesta de muchas formas, desde el polvo cósmico —los diminutos elementos básicos de nuestro universo— hasta las innumerables especies, todas ellas evolucionando, reproduciéndose, adaptándose. Imaginemos la escala de
nuestra propia transformación, desde organismos unicelulares
en el océano hasta criaturas que caminan en la tierra, y después en la luna.

Tratemos de imaginar por un momento a todo ser vivo que ha existido sobre la tierra. Figurémonos la escala y amplitud de esa vida a lo largo de millones de años. Pensemos en la increíble abundancia de animales y plantas que han vivido. Se estima que hay más árboles en este planeta en la actualidad que estrellas en nuestra galaxia, más de tres billones de ellas, según un estudio publicado en la revista *Nature*. Eso solo en el presente. Pensemos en los billones y billones y billones de árboles que han aparecido y desaparecido desde la formación de la Tierra.

Pensemos en las rosas silvestres que han aparecido y desaparecido, los insectos que han aparecido y desaparecido, las montañas y las olas que han aparecido y desaparecido, las personas que han aparecido y desaparecido. Pensemos en la escala de ese cúmulo de creación anterior a nosotros, y entendamos que todo ha conducido a nosotros —a ti—, a este momento de nuestra presencia aquí como expresión viva, palpitante de la fuerza universal. Esa energía que circula por el universo nos penetra en forma de aliento, haciendo posible que *seamos*. Aquí estamos, surfeando esta ola de increíble creatividad. Este instante lleva gestándose miles de millones de años.

¿Te percibes dentro de ese gran flujo de energía que empezó hace mucho tiempo y continuará quién sabe hasta cuándo? Eres parte del palpitante ritmo de la naturaleza que da la vida, quita la vida, da la vida, quita la vida... Cae una semilla y crecerá un árbol. Cae otra semilla y se convertirá en alimento. Cae otra semilla y se pudrirá. Admira la hermosa indiferencia de la naturaleza a todo menos a los imparables actos de creación y muerte.

En algún lugar, en este mismo instante, explotan estrellas con fuerza inimaginable. Aquí en la Tierra nace gente. Y luego estás tú, en este universo cambiante, en constante expansión: experimentando la perfección de *ser*.

Una historia de éxito viviente

La fuerza del universo ha contenido el pasado y el futuro para crear el ahora: esa estrecha porción de tiempo en la que toda acción tiene lugar. Ahí es donde existimos. Ahí es donde todo existe. ¿Qué problema o expectativa puede ser tan importante en la vida que dejemos que nos distraiga de experimentar la belleza perfecta del ahora?

Cada vez que vemos un árbol, una flor, una brizna de hierba..., somos conscientes de que salió adelante. Sobrevivió a la infancia, creció, floreció. Y nosotros también damos testimonio de este milagro llamado vida. Somos una historia de éxito viviente. Qué cosa tan increíble es el ser humano. ¡Deberíamos celebrarnos a nosotros mismos!

Algunos dicen que solo somos los accidentes o las consecuencias de la evolución. Al fin y al cabo, estamos hechos en un 99 por ciento de oxígeno, hidrógeno, carbono, calcio, nitrógeno y fósforo. Si mezclamos esos elementos en una botella, y añadimos un 85 por ciento de potasio, azufre, sodio, cloro y magnesio y un 15 por ciento de elementos menores, ¿nos daría un ser humano? Bueno, eso quizá describa nuestro cuerpo, pero ¿eso es todo lo que somos? ¿Podríamos enamorarnos del contenido de esa botella? ¿Podríamos hablar con esa botella sobre elementos como la belleza, la familia y la generosidad? ¿Podría apreciar la maravilla de su existencia?

Somos mucho más que la suma de nuestros elementos físicos, sobre todo porque conectamos conscientemente con nuestro ser y con todos los seres vivos que nos rodean. Cada momento nos ofrece la oportunidad de entender y expresar nuestra gratitud por la vida. Que elijamos *aprovechar* esa oportunidad es otro asunto.

El exquisito ritmo de la respiración

Los seres humanos que buscan un milagro que explique nuestro propósito han olvidado que ocurre todos los días de su vida: respiran. Nacemos y el drama humano se desarrolla a nuestro alrededor y dentro de nosotros. Con cada respiración tenemos la oportunidad de elegir nuestro papel y representar nuestra parte, escribiendo la historia de nuestra vida.

Hay mucho ruido en el mundo, pero también suena una melodía: la melodía constante de la respiración entrando y saliendo. Hay muchos ritmos, con frecuencia desincronizados, pero hay uno que va perfectamente a tempo: el ritmo permanente de la respiración entrando y saliendo. Cada aliento que tomamos es una bendición que entra y sale.

El día en que naciste todos los que permanecían en la sala estaban concentrados en una sola cosa, y no se trataba de si eras chico o chica. Solo en una cosa: ¿respirabas? Si no lo hacías, el médico te levantaba por los pies, te daba un suave cachete y gritaba: «¡Respira!», hasta que llorabas y el aliento de la vida fluía en tu interior. Qué reconfortante es para una madre oír la respiración del bebé. Qué reconfortante que el ritmo de la respiración de la criatura susurre una y otra vez: «Todo va bien, todo va bien, todo va bien».

En el otro extremo del viaje, cuando vuelvas al hospital, ¿cómo averiguarán si te has muerto? Comprobarán si respiras. Y también tendrán esta increíble máquina que les dirá si estás vivo o no. Entonces ¿qué ocurrirá si la máquina les dice que has dejado de vivir, pero ven que sigues respirando? ¿El médico te dará un cachete a ti o a la máquina? Desde luego no irá a decirte: «¡Estás muerto!». La respiración es vida.

He aquí unos versos del santo y poeta hindú del siglo XVI, Tulsidas:

Este cuerpo es el navío para cruzar el océano de la confusión. El ir y venir de la respiración es mi bendición.

En mi imaginación me veo en ese océano, levantando la vela para llegar al otro lado. Elijo levantar la vela. Las olas son las olas de lo bueno y lo malo, lo que está bien y lo que está mal, de todo lo que el cambio nos brinda. Son las olas del amor y la aversión, de la esperanza y la decepción, del pesar y la inquietud. Debemos pasar por todo esto nosotros mismos, y lo que necesitamos para realizar el viaje ya lo llevamos dentro. Lo único que tienes que hacer es izar la vela y buscar el viento que sopla para ti, listo para conducirte por aguas procelosas hasta los mares tranquilos de más allá, hasta los mares de la claridad.

En la vida nos perdemos en el mar de la confusión porque nos hipnotiza, para decirlo con un término hindú, Maya: la ilusión de que lo que existe y cambia en el mundo exterior y en nuestra propia mente es nuestra verdadera realidad. Pero, últimamente, nuestra realidad está en nuestro más profundo interior. La sabiduría consiste en ser consciente de ello.

Las mantis florales son insectos que pueden adoptar la forma de la flor sobre la que se posan. Cuando pasa cerca otro insecto, este ve una flor, no a la peligrosa mantis. En el momento de la comprensión, cuando la mantis se mueve y deja ver, la presa espabila. Pero ¿con qué frecuencia vemos lo que verdaderamente es la vida? Aunque vislumbremos la verdad, ¿no volvemos sin más a la ilusión, como el insecto que solo ve una flor? ¿Cuánto tiempo pasamos creyendo en Maya? Y a pesar de ello, el ir y venir de nuestra respiración es la bendición que nos enfila hacia la realidad en cada inhalación y espiración.

Parece que desde hace tiempo el ser humano ha sentido una conexión entre la respiración y un sentido de nuestro ser interior, algo más que nuestros elementos físicos. Por ejemplo, el término hebreo «ruah» significa al tiempo «espíritu», «aliento» y «viento», y aparece con frecuencia en el Antiguo Testamento. Y encontrarás más palabras que combinen estos y otros significados similares en otros idiomas y textos religiosos. Un ejemplo particular —y su significado, siempre en evolución— nos cuenta algo relevante acerca de cómo podemos perder de vista lo que es importante. Las formas más tempranas del término «psique» originalmente eran una fusión de palabras que significaban «vida» y «aliento», pero «psyche» también pasó a significar «alma, espíritu y ser». Sin embargo, en tiempos más recientes el término «psique» se ha relacionado estrechamente con la mente —pensemos en «psicología»— y pocos lo asocian ahora con aliento. Del mismo modo, en la actualidad otorgamos mucha atención al pensamiento y nos olvidamos fácilmente de la *respiración*. Podemos terminar abrazando la complejidad de nuestra mente al tiempo que descuidamos la simplicidad vital de nuestra respiración.

Celebrar cada respiración

La llegada de la respiración a nuestra vida no es condicional. Día tras día viene a nosotros sin cita previa, sin juicios. Viene cuando hemos sido buenos y cuando hemos sido malos. Viene cuando no pensamos en ella y cuando pensamos en ella. No hay nada más valioso. No hay dinero que pueda comprar la capacidad para respirar, ¿acaso eso no nos hace ricos? Poseemos algo inestimable.

El regalo de la respiración: deberíamos aceptarlo, entenderlo, apreciarlo. Y también deberíamos identificar cuándo el ruido de la vida —sobre todo todos esos pensamientos que nos revolotean en la cabeza— nos distrae de la belleza de su ritmo, entrando y saliendo. Por ejemplo, el pesar y la inquietud pueden empañarnos la claridad. ¿Qué es la claridad? Es la clara apreciación de que estamos bendecidos con la existencia.

Lo contrario de la claridad es la confusión, y uno de los motivos más potentes de la confusión es la preocupación. Volvamos a pensar en el lenguaje. *Worry* (preocupación, en inglés) entronca con la palabra del inglés antiguo *wrygan*, que originalmente significaba *strangle* (estrangular). Luego, ese sentido evolucionó hasta significar «seize by the throat and tear» (agarrar por la garganta y despedazar), como hacen los lobos con las ovejas (*worrying sheep*). El miedo nos atenaza la garganta; ese punto de nuestro cuerpo por donde nos entra el aire. Podemos dedicarnos a despedazar el gozo de vivir a base de preocupaciones cuando deberíamos estar celebrándolo con cada respiración. Ganemos claridad y, de nuevo, abracemos la vida, así como la vida nos abraza a nosotros.

Empecemos a pedir deseos

Hay quienes valoramos cada momento, pero el miedo nos distrae con facilidad, y luego están los que nunca se dan cuenta realmente de que están respirando. En su caso, la existencia se ha convertido en una asunción maquinal. La vida se ha delegado al piloto automático. Cuando se pierde el contacto con uno mismo, se pierde también con la realidad.

Con frecuencia hace falta una amenaza de muerte para llamar nuestra atención sobre el tesoro de la vida. Dile a alguien que le queda una semana y de pronto incrementará el valor que le dará a cada respiración. En lugar de esperar a que una crisis nos muestre el regalo, quizá deberíamos seguir el consejo del emperador y filósofo Marco Aurelio: «Hazlo todo como si fuera lo último que vas a hacer en la vida».

Pensemos en la historia de Aladino y la lámpara maravillosa. Cuando frotaba la lámpara, un poderoso genio salía de ella y le concedía varios deseos. Imagina que te doy la lámpara de Aladino y te digo: «Durante dos horas esta lámpara es tuya. Adelante: puedes desear todo lo que quieras durante esas dos horas. Pero después la lámpara es mía». ¿Qué harías? ¿Pensarías: «Qué pena, solo puedo tenerla dos horas. Si tuviera dos horas y media, podría hacer mucho más. O tres horas. Y en realidad debería terminar esa otra cosa que tengo que hacer antes de empezar a pedir deseos. La verdad es que ahora no es el momento más adecuado para que me den la lámpara. Me vendría mejor que me la dieran el próximo miércoles»?

La lámpara es tu vida. ¡Deja de perder un tiempo precioso y frótala! Pide tus deseos, uno tras otro. Agarra la oportunidad de la vida y mantén al genio todo lo ocupado que puedas durante el mayor tiempo posible.

Te contaré una historia sobre cómo reaccionar ante las oportunidades. Érase una vez un hombre que se ganaba la vida vendiendo chatarra. Le iba muy, muy bien, pero era un avaro. De hecho, era tan mezquino que hasta había vendido sus propias posesiones de metal y las había sustituido por otras peores de madera, piedra y papel. No había metal en su casa.

Como caído del cielo, apareció un hombre y le dijo: «¿Ves este trozo de piedra? Convierte en oro cualquier pedazo de metal. Puedes utilizarla tanto como desees, pero dentro de una semana volveré a por ella».

El chatarrero recordó que había vendido todos los restos de metal y que tenía que comprar más. Entonces, en cuanto el hombre se hubo marchado, llamó al mercado y preguntó el precio de la chatarra y el del oro. El oro valía mucho más que la chatarra, claro, pero pensaba que el precio de la chatarra aun así era muy alto. «Umm», pensó, «tengo toda la semana: esperaré».

Y esperó toda la semana. Cada vez que llamaba y se enteraba del precio de la chatarra le parecía demasiado caro. Incluso aunque el precio fue bajando poco a poco, siguió pareciéndole demasiado. Día tras día aplazaba la compra del metal básico que necesitaba. De ninguna manera iba a pagar esa cantidad por metal viejo. Y entonces, justo al cabo de una semana, el hombre se presentó ante su casa.

«He venido a por la piedra», dijo.

El chatarrero se quedó horrorizado: había perdido la noción del tiempo y no había utilizado la piedra ni una sola vez. Desesperado, se apresuró a buscar objetos de metal por toda la casa, pero lo único que encontraba era de madera, piedra o papel. De repente, el hombre apareció a su lado y le arrebató la piedra.

«Se acabó el tiempo», dijo el hombre.

Entre dos paredes

25.550. ¿Qué significa ese número? Son los días que tendríamos si viviéramos setenta años. No son demasiados, ¿verdad? Aunque viviéramos hasta los cien años, eso solo serían 36.500 días. Da que pensar, ¿no?

Ahora necesitamos hacer otra suma: restemos todos los días que ya hemos vivido. ¿Cómo nos salen las cuentas? Yo he hecho mis cálculos y he decidido dejar de contar.

Aunque las cosas vayan según lo planeado y vivamos plenamente, el tiempo es precioso. Y además tenemos que añadir el factor incertidumbre, porque nadie sabe de verdad con cuánto crédito contamos en el banco de la vida.

En una ocasión el político y escritor estadounidense Benjamin Franklin comentó en una carta: «En este mundo no hay nada cierto, salvo la muerte y los impuestos». Bueno, dejando a un lado los impuestos, sabemos con seguridad que hubo un día en el que llegamos a este mundo y habrá otro en el que nos marchemos. Eso no podemos cambiarlo, pero *todos* los demás días, entre esos dos momentos, sí que podemos cambiar lo que sentimos y lo que experimentamos de este mundo. Así es como estamos plenamente vivos. Hemos de entender que depende de nosotros disfrutar cada día del tiempo que tenemos. (E intentemos no quejarnos mucho de los impuestos).

He aquí una manera de pensar sobre la existencia: entraremos a la vida por una puerta en una pared y saldremos por otra puerta en otra pared. A algunas personas les fascina lo que pueda haber al otro lado de la segunda pared.

Se podría preguntar a los que están al otro lado cómo es aquello, pero sé por experiencia que no responde nadie. No, ni siquiera Houdini. El gran escapista había prometido a su esposa que le enviaría un mensaje en clave desde la tumba, pero ni siquiera él pudo huir de la irrevocabilidad de la muerte.

Así pues, ¿qué ocurre ante la ausencia de comunicación desde ese lado de la segunda pared? Hacemos conjeturas. «La otra vida es así» o «El cielo es asá»... Y entonces tratamos de crear imágenes de algo que está más allá de nuestra imaginación.

Desconocemos si la existencia es posible al otro lado de esa pared, pero lo que sí sabemos con seguridad es que estamos aquí y ahora, con la oportunidad de llevar a cabo cualquier objetivo que nos parezca importante. Para mí, ese objetivo es sencillo: quiero llenar mi vida de alegría y quiero llevar por todo el mundo el mensaje de que la paz es posible.

La vida es larga hoy, no ayer o mañana. El momento presente dura 25.550 días, o los días con que seamos bendecidos cada uno de nosotros. Podemos aprender del pasado, pero no podemos vivir allí. Podemos imaginar el mañana, pero no podemos vivir ahí. El único momento que verdaderamente podemos experimentar es el ahora. El ahora viene con cada respiración. Las respiraciones determinan la vida.

A cada uno de nosotros nos sucederán muchos cambios desde que atravesamos la primera pared y alcanzamos la segunda. Pase lo que pase —bueno y malo— es de gran ayuda no dejar de reconocer que el tiempo es precioso. Quizá el mayor éxito posible sea vivir cada momento con toda la plenitud posible, incluso cuando afrontamos los problemas. El poeta latino Horacio captó ese sentimiento en el aforismo *carpe diem*. Literalmente significa «coge la flor del día», que quiere decir «aprovecha el día». Me gustan ambas expresiones, pero la primera también me sugiere la idea del día como una flor en la plenitud de su belleza. Me recuerda a unos versos muy conocidos del poeta británico del siglo XVII Robert Herrick:

Coged las rosas mientras podáis,
el padre tiempo vuela;
y la misma flor que hoy admiráis
mañana estará seca.

Hay ese hermoso hilo del conocimiento propio delicadamente entretejido a lo largo de la historia, expresado en palabras que encuentran eco trescientos cincuenta años más tarde.

Dejemos que la vida florezca

A veces nos distraemos pensando en el mañana y el ayer y no aprovechamos el presente. Otras veces tenemos la impresión de que el hoy nos ofrece muy poco, de que no hay bellas rosas que recoger. Muchas personas viven con este espíritu de decepción.

Mientras la vida puede parecernos a veces un árido desierto, las semillas que se requieren para crear un hermoso jardín están ahí, esperando en la tierra a que se den las condiciones necesarias para germinar. Están en nosotros desde el momento en que nacemos. Nuestra tarea consiste en regar, regar, regar el terreno y dejar que entre la luz de la claridad, de manera que les demos a esas semillas lo que necesitan para florecer. Y cuando lo hagamos ese desierto florecerá, y se convertirá en un estallido de todos los colores imaginables. La paz quiere dejarse ver. La paz quiere que sepamos que está ahí. La paz quiere florecer.

Siempre me sorprende lo fuertes y pacientes que son esas semillas que llevamos dentro. Esperan toda una vida a que les llegue el agua y la luz, siempre rebosantes de potencial para prosperar. «Estamos listas», dicen, «para cuando llegue la lluvia y el sol». Y eso es lo que tenemos que recordar: aunque durante mucho tiempo la vida nos haya parecido un desierto, siempre tendremos el potencial de florecer.

Aprender de los árboles

Todo en la naturaleza ha creado un espacio para sí y una relación con todo lo demás. Tiene un propósito e intenta realizarlo. Sin embargo, a veces parece que nos olvidamos de *nuestro* propósito y de *nuestro* potencial para florecer.

Quizá tengamos algo que aprender de los árboles. Hay recientes estudios científicos que sugieren que los árboles tienen «latido». Mueven las ramas arriba y abajo por la noche, creando un movimiento lento de agua que fluye por todo su cuerpo. Son grandes estrategas de la supervivencia, al igual que nosotros. Descifran lo que tienen que hacer para que su especie sobreviva, almacenando sus semillas para que prosperen. Llevan muchos años haciéndolo, razón por la que hay más de tres billones de ellos (a pesar de que algunos de nuestra especie están reduciendo la población arbórea con fines egoístas).

Los árboles se preparan a sí mismos para tolerar el ambiente en el que están, de manera que puedan seguir prosperando. He visto lugares en las montañas en los que crecen árboles en grietas diminutas de la roca donde parece imposible que nada pueda hacerlo. Justo ahí han encontrado lo que buscaban y aprovecharon la oportunidad.

Sean cuales sean nuestras circunstancias, sea cual sea el entorno, tenemos que hallar la manera de dejar que nuestra naturaleza interior se exprese plenamente. No se puede dejar pasar ni abandonar ninguna oportunidad para hacerlo; ninguna oportunidad debería posponerse para mañana. Incluso cuando la tierra que nos rodea parece improductiva, hay un mundo increíble dentro que está lleno de potencial fértil. Si podemos obtener la luz de la claridad y el agua del entendimiento en nuestra vida, nuestro desierto florecerá.

La vida y el alma

¿Por qué tenemos tantos problemas para dejar que nuestra vida florezca? ¿Por qué el ruido acalla con frecuencia la música de la vida? Porque nos olvidamos de lo que es importante. El viaje hacia la paz comienza con el reconocimiento de lo más simple pero más interesante que tenemos: la existencia. Ese es el punto de partida del autoconocimiento. Siempre tenemos esa oportunidad para expresar agradecimiento por esta vida, dando gracias por cada respiración en lugar de malgastar nuestra atención.

¿Cuándo fue la última vez que nos sentimos profundamente agradecidos por estar vivos? No estoy hablando solo de esos pensamientos sombríos que nos vienen cuando vemos un coche fúnebre y pensamos: «Me alegro de no ser yo el que va ahí dentro». Me refiero a estar plenamente atentos al día y la noche; *sintiendo* de verdad nuestra existencia.

Un ser humano puede ser una celebración de la vida. Qué maravilloso es cuando nos mostramos agradecidos por estar vivos: agradecidos por las personas a las que amamos, agradecidos por el sol y la lluvia, agradecidos por las estaciones, agradecidos por la dulce música de nuestra vida, agradecidos por el regalo de la respiración. Sin gratitud, la vida es como un compromiso social al que no queremos asistir: «Hola. Gracias por invitarme. Adiós». Con gratitud, nos convertimos en el alma de esa fiesta llamada vida.

Recordatorio urgente

Así pues, hay dos paredes —el nacimiento y la muerte— y cuando nos acercamos a donde imaginamos que puede estar la segunda pared se nos impone amenazadora en la mente. La preocupación por la muerte se convierte en una enorme, desagradable y ruidosa distracción; quizá en el problema más ruidoso. Si no tenemos cuidado, terminaremos celebrando nuestro cumpleaños una vez al año, pero pensando en la muerte todos los días. Y esta es la terrible ironía: cada momento utilizado en angustiarnos por la muerte es malgastar un tiempo precioso de vida. A veces nos puede tanto el ansia de vivir eternamente que nos olvidamos de vivir hoy.

Por mucho que lo intentemos, no evitaremos cruzar la segunda pared en algún momento. Incluso los más inteligentes —o quizá debería decir, *con frecuencia* los más inteligentes— se apartan de la verdad natural de que somos mortales. Hay una vieja historia sobre esto que siempre me hace gracia.

Bueno, pues había una vez un médico que era muy inteligente; muy, muy inteligente. Y todo el mundo se lo decía. Había pasado gran parte de su vida ayudando a la gente a vivir, pero sentía que ahora la Muerte le rondaba a él y no quería irse. Así que ideó un plan.

Sabía que la Muerte solo podía llevarse a uno como él, no a dos. Así que hizo una réplica de sí mismo y era exacta hasta el último detalle. Era sencillamente perfecta y estaba muy orgulloso de ello.

Un día llegó la Muerte —sin haber concertado una cita, imagino— y vio a dos ejemplares del médico allí en la cama. El médico real había sentido que se acercaba el día fatídico y se había colocado junto a su réplica. Una jugada inteligente. En verdad que era una copia excelente, por lo que la Muerte estaba confundida: «Solo me puedo llevar a uno: ¿a quién me llevo?», se preguntó.

Se quedó pensativa un momento, luego dijo: «¡Enhorabuena, doctor! Ha hecho un gran trabajo con su réplica, pero ha cometido un error».

El médico siguió tumbado y empezó a dar vueltas en la cabeza a las palabras de la Muerte. Pensó para sí: «¿Qué error? ¿Cómo he podido cometer un error? Se equivoca, ¿no?».

Al cabo de un rato ya no podía soportarlo más y soltó: «Pero ¡si no hay ningún error!».

Entonces dijo la Muerte: «¡Ahí está! ¡Ese es el error!».

Al médico le había delatado su propia arrogancia. No somos seres perfectos (confío en que esto no sea nuevo para nadie) y no podemos escapar de nuestra propia mortalidad. El sentido común lo reconoce y garantiza que vivamos cada día con los ojos bien abiertos: viendo la realidad claramente, aceptando lo que es y aprovechando cada oportunidad de alegría y contento. *Carpe diem.*

Navegando por el río

Hay una canción de Kabir que dice: «Tan solo eres una pequeña barca hecha de papel, navegando por el río». Unas palabras
muy inteligentes porque según vamos por el río de la vida, lo
que ocurre es que el papel se va empapando y se desintegra
poco a poco, es decir, la barca va perdiendo la forma y se va
fundiendo con el agua. Así son las cosas.

Mientras tanto, hemos de saber que somos libres para disfrutar de la vida. Todo está dispuesto para que seamos un instrumento del propósito que deseamos y para que experimentemos la riqueza de nuestra existencia. Todo comienza cuando
hacemos ese continuo círculo de conexión dentro de nosotros
mismos: de la gratitud a la paz, de la paz a la gratitud.

Así es como yo intento responder a la realidad de la segunda
pared, y digo «intento» porque nadie tiene claridad al cien por
cien del tiempo. Quiero vivir en un estado de sensación plena,
notando cada aspecto de mi ser interior y la alegría que brota de
la paz. Cuando estoy en ese estado, sería feliz si el día no termi-
nara nunca. Pero sé que, en algún momento, llegará la noche.

No tengo miedo a la muerte. La utilizo de inspiración para
experimentar lo mejor de cada instante y eso me da un sentido

de apremio. Cualquier otra forma de ser no me basta: no me refiero a disfrutar de los bienes corrientes que a todos nos han sido dados. Cualquier otra forma de vida es un compromiso.

¿Qué es nuestro?

El cuerpo desaparecerá algún día, eso lo sé, y cuando mi ser físico desaparezca, todos mis pensamientos y experiencias desaparecerán con él. ¿Qué quedará? Bueno, no hay nada en este mundo que en realidad me pertenezca. A veces podría decir: «Eso me pertenece y esto es mío», pero todo es temporal. Todo aquello que denomino como propio no será mío algún día.

Eso me trae a la memoria una historia que me gusta sobre Alejandro Magno, comandante militar y rey de Macedonia (aunque lo más probable es que se trate de una invención). Según el relato, en su lecho de muerte Alejandro dijo:

«Dicto tres órdenes: que solo mis médicos carguen con el ataúd. Que el camino hasta el cementerio esté revestido de oro, plata y joyas. Que se deje que me cuelguen las manos del ataúd».

Los amigos y consejeros allí reunidos se mostraron confusos, y el general favorito dio un paso adelante y preguntó que por qué todo eso era tan importante. Alejandro contestó:

«Deseo que la gente sepa que los médicos son, en última instancia, impotentes y no nos curan de la muerte. Deseo que la gente sepa que pasarse la vida persiguiendo la riqueza es malgastar un tiempo precioso. Y deseo que la gente sepa que todos venimos a este mundo con las manos vacías y todos nos marchamos de la misma manera».

Sí, todos nos marchamos de la misma manera. Y las únicas cosas que de verdad poseo en esta vida son mi paz y el conocimiento de mí mismo. Ellos son mi realidad. Una vez que la vida se acaba, lo que quedará de mí serán los recuerdos en el corazón de otras personas.

Pensemos en cuando vamos a la casa de alguien y lo pasamos estupendamente. Puede que la comida y el entorno fueran fabulosos. Pero tiempo después de haber digerido la cena y de haber olvidado cómo era la estancia, la sensación de regocijo permanece. Nos quedamos con ese sentimiento y eso es suficiente.

Una invitación al infinito

Durante miles de millones de años nosotros no fuimos nada. Durante varios miles de millones más en el futuro volveremos a no ser nada otra vez. El tiempo que pasamos aquí es una excepción. Nuestra tarea consiste en vivir esos minutos, horas y días de una manera excepcional.

La invitación que te hago como lector es esta: que te atrevas a experimentar el hoy intemporal de la paz interior. La vida aquí es finita, pero tenemos la oportunidad de trascender ese hecho y de momentáneamente conectar con el infinito: la dicha de la pura existencia. Es una forma de experimentar conscientemente esa fuerza universal que he descrito antes.

La oportunidad consiste en que nosotros, como seres finitos, descubramos el infinito. Es en este mundo intemporal de la pura existencia en el que nos adentraremos en el siguiente capítulo.

03

Paz infinita

De niño en Dehra Dun teníamos unos días de otoño mágicos, justo antes de las primeras señales del invierno, cuando los cielos eran muy, muy azules y el aire de los Himalayas era completamente puro. Por la mañana un brillo de rocío cubría la hierba y las plantas, y las primeras luces iluminaban el agua de la atmósfera de manera que las gotas resplandecían como diamantes. Esas gotas de rocío eran diminutas, pero deslumbraban como pequeños soles.

A medida que el sol templaba el aire, el rocío se iba evaporando, dejando ese claro paisaje matutino en el que todo estaba marcadamente nítido y podía verse hasta el infinito en el cielo. En esos días era como si el tiempo apenas avanzara.

Lentamente, por la tarde, se iban acumulando nubes esponjosas con brillantes bordes plateados.

Con frecuencia me sentaba en el jardín delantero de nuestra casa, debajo de dos magnolios. Y teníamos aquellos guisantes de olor que crecían en las paredes, cada uno con una preciosa florecilla, y el aroma era dulce y delicado con un ligero toque a lavanda. Había también lo que nosotros llamamos flores de perro —se conocen también como flores boca de dragón—, y nos gustaba apretar las cabezas para que pareciera que abrían y cerraban la boca y que nos ladraban en silencio. Se estaba tan bien en aquel lugar...

Un día salí al jardín y tuve este deseo de atrapar el momento. Recuerdo tener el corazón completamente abierto al día y me sentía feliz paseando mientras examinaba todo lo que allí crecía. Poco después estaba sentado debajo de uno de los magnolios, contemplando las nubes y las flores, cuando tuve la abrumadora sensación de que lo que me había creado a mí *también* había formado aquellos magnolios y aquellas flores fragantes, y había puesto el rocío en la hierba, y llevado el sol de horizonte a horizonte y hecho que aquellas voluminosas nubes flotaran en el cielo azul. En aquel instante, el él, ella o ello que en principio me creó a mí dijo, muy quedamente: «*Tú siente*».

Era un sentimiento perfecto para un momento perfecto. Tú siente.

A partir de entonces me sentaba debajo de aquel magnolio y me dejaba invadir por un sentimiento en el que no tenía carencias ni deseos ni ninguna necesidad interior de hacer nada. La sensación de *ser*, sin más, era de lo más agradable. Desde entonces una voz ha seguido diciéndome: «Este día es para ti», y se refiere a aquel día del jardín y también al día que estoy viviendo ahora mismo.

Quedarse en el sentimiento

Esa parte de mí relacionada con ese sentimiento no ha cambiado. Realmente no lo ha hecho. Pero reconozco que, algunas veces, he añadido muchas otras cosas sobre la pureza de esa experiencia. Probablemente sepas a qué me refiero: necesito esto y necesito aquello. Y tiene que ser así y tiene que ser asá. Y soy esto y soy aquello. Y esto es lo siguiente que haré y luego debería hacer aquello.

En ocasiones, en lugar de salir y aprovechar el frescor de la nueva mañana, me descubro distrayéndome con asuntos y pre-

ocupaciones. Eso me dice que hay peligro de que los problemas se adueñen de la vida misma. Sí, incluso alguien que lleva
hablando de la paz desde que tenía 4 años encuentra difícil,
a veces, mantenerse en armonía con la claridad interior. Así de
poderosa puede ser la oscuridad del ruido y la ignorancia.

Aquel día del jardín era *para mí* y he comprendido que nunca debo perder ese sentimiento. He experimentado esa profunda conexión una y otra vez. Es mi realidad —un sentimiento de perfecta paz—, y todo lo demás es ruido (un ruido
a veces agradable, a veces molesto). La perfección no es solo el
recuerdo de ese momento de mi infancia, sino la experiencia
vital de ser capaz de sencillamente *sentir* en este mismo instante.

La paz engloba todas las bendiciones

He reflexionado muchas veces sobre mi experiencia en el jardín. He llegado a comprender que la paz interior no se trata
más que de ella misma. No está ahí para realizar un trabajo,
está ahí para *ser*. Su propósito y valor no dependen de cosas
externas, simplemente *es*. Es algo íntegramente para ti, y no

tiene que ver con nada ni con nadie más ni está supeditado a nada ni a nadie más. Como mi joven yo sentado debajo del árbol en aquel momento perfecto, simplemente *es*.

Con eso estaba conectando entonces y de eso quiero ser siempre consciente. El sentimiento de paz es mi yo más profundo. Pero también es parte de algo más que yo, de algo más que todos nosotros. Después de que nosotros muramos, la posibilidad de paz seguirá viviendo en todos los átomos del universo. Es infinita. Cuando sencillamente *sentimos,* estamos conectando con esa paz infinita.

Todos los buenos sentimientos que fluyen de la paz interior son también un fin en sí mismos. La dicha interior no está conectada a nada más: es la dicha en sí misma. El amor que sentimos no depende de nadie más: es puro amor. Necesitamos claridad para ver el mundo de paz que hay en nuestro interior y el mundo que nos rodea, pero también hay una pura claridad para sentir y disfrutar por lo que es, no por lo que hace.

He aquí un tema importante: la paz engloba todas las demás bendiciones, pero nada más engloba a la paz. Hay alegría en la paz, pero la alegría sola no es paz. Hay generosidad en la paz, pero la generosidad sola no es paz. Hay claridad en la paz, pero la claridad sola no es paz. Estas son diferentes palabras para expresar aspectos de la misma cosa. La paz es un estado de ánimo único y completo.

Dormir sin dormir

En una ocasión alguien le preguntó a mi padre: «¿Cómo es ir al fondo de uno mismo y conectar con la paz?». Él contestó: «Es como dormirse sin dormir».

La primera vez que oí eso, iba conduciendo y tuve que parar a un lado de la carretera. Me pareció muy profundo. Imaginémonos en ese estado: *estar dormido sin dormir*. En esa fusión de dos estados en uno. No hay necesidad de estar en ningún otro sitio ni pensar en nada más. No hay necesidad de ser consciente de nada aparte del dulce deleite que es *ser*, simplemente. Imaginemos lo profundamente reparador que puede ser el sueño sin dormir.

Cuando prescindimos de la necesidad de que nuestro ser más profundo se centre en otras cosas, podemos experimentar una tremenda sensación de libertad. Se nos quita de encima el peso de lo accesorio. ¿Somos los seres humanos capaces de experimentar algo por lo que es, no por lo que nos permite hacer a continuación? Bueno, puede que vaya en contra de nuestro mundo enfocado a la acción, pero creo que sí somos capaces. La paz es posible para todos nosotros, pero debemos elegir experimentarla, no intentar elaborarla.

Ciegos ante lo obvio

La paz está justo dentro de nosotros, pero muchas personas no llegan nunca a experimentarla. Está en todas partes y, sin embargo, es escurridiza. En ese sentido, es más bien como la luz. Si miramos por la ventana, quizá veamos una pared. Si nos acercamos, veremos los ladrillos de la pared e incluso los pequeños detalles del mortero entre los ladrillos. Y si tenemos buen ojo, quizá percibamos también los efectos del clima en el ladrillo y el ángulo de sombra, y los muchos colores que produce la luz del sol, la de la luna o la de las farolas. Y hay también reflejos lumínicos en la pared procedentes de otras superficies, añadiendo cada uno un matiz a la luz que da en esa pared. Vemos la pared, pero no vemos la luz, porque esta está en todas partes.

La luz natural no está ahí para iluminar el mundo en nuestro nombre; es un maravilloso y vivificante beneficio de la luz por ser luz. Al igual que con la paz interior, podemos apreciar el efecto de la luz en el mundo que nos rodea, pero debemos apreciar también su esencia como algo en sí mismo.

A veces lo más maravilloso que podemos hacer es simplemente *ser*. Con demasiada frecuencia las distracciones de la vida diaria apartan nuestra atención de experimentar el universo que tenemos dentro. Pasamos por esta vida viendo los colores que el mundo exterior nos refleja, sin ver el espectro completo de la realidad interior. Reconocer que vivimos sobre esa tierra luminosa y que somos parte de ella transforma nuestra experiencia de la vida.

El hoy eterno

Vemos fotos de cuando éramos niños, o fotos de nuestros hijos cuando eran muy pequeños, y pensamos en los años que han pasado. Cuando nos encontramos con viejos amigos, a menudo decimos: «¡Cuánto tiempo ha pasado!». En esos momentos sentimos el río del tiempo rugiendo hacia el mar de la eterni-

dad. Puede ser sobrecogedor, y muchas veces provoca sentimientos de pesar o desazón pensar en el tiempo que hemos
malgastado dejándonos llevar por distracciones. Y luego volvemos al ajetreo de nuestra vida cotidiana.

En esos instantes —antes de que las tiranías de nuestro horario, nuestros problemas y preocupaciones vuelvan a gober-
narnos— deberíamos preguntarnos a nosotros mismos: ¿cuál
es el valor del tiempo si no entendemos el valor de cada respiración? Si el ahora no es importante, ¿cómo puede serlo el ayer?
Si el ahora no es importante, ¿cómo va a serlo el mañana?

Da igual lo que planeemos, da igual lo que hagamos, da
igual lo que suceda; solo podemos vivir en este lugar llamado
«ahora». Ahí es donde estamos. Tanto si tenemos seis meses
de edad como si llegamos a los 100, en este viaje solo vivimos
en este momento. Muchos creemos que es importante vivir en
el aquí y el ahora, pero ¿somos conscientes de la verdad de eso?
¿Valoramos en serio el ahora? ¿Nos sentimos agradecidos por
el ahora?

Hay una forma de pensar en el tiempo que difiere mucho de
la estructura lineal a la que estamos acostumbrados. Puede ser
un poco difícil de entender al principio, pero intentaré expli-
carlo. Empecemos con el tiempo normal. La convención es

dividirlo en fracciones cada vez más pequeñas: años, meses, semanas, días, horas, segundos, nanosegundos, yoctosegundos, que equivale a ¡una septomillonésima de segundo! Los negocios se rigen por el tiempo. Cada vez se controla a más empleados según lo que rinden en la franja horaria que están en el trabajo, en ocasiones hasta el segundo. Y si has tenido que resolver algún asunto legal, es posible que hayas experimentado la inquietud económica que produce la tarifa horaria de un abogado.

Existen sólidas razones para dividir los momentos de esta forma. Ayuda a tener un sentido del tiempo compartido cuando quedas con amigos a cenar o vas a coger un avión o vas a ir a un concierto. Pero hay muchos enfoques diferentes sobre cómo deberíamos pensar en el tiempo en un sentido más amplio. La ciencia, la religión y la filosofía son hervideros de teorías sobre lo que es este concepto y sobre cómo deberíamos entenderlo. Empíricamente, parece como si —por utilizar una metáfora espacial— el tiempo se moviera hacia adelante. Puedo decir con seguridad que si hoy me rompo una pierna, mañana no estará intacta, pero podría estarlo dentro de seis semanas.

Sin embargo —y aquí es cuando las cosas se ponen de verdad interesantes—, hay otro enfoque del tiempo del cual podríamos servirnos cuando queremos conectar con algo más profundo. Podemos entrar y salir de este marco temporal como nos plazca, cuando sabemos cómo acceder a él. Puedes verlo así: en el mundo exterior pensamos en cada momento como una unidad del conjunto de momentos que pasan, como un largo tren de mercancías que circula por la vía. En el mundo interior podemos sentir el momento como algo absoluto: un hoy eterno. El tiempo interior es un principio y un fin en sí mismo, como la paz, la energía y la luz. Simplemente *es*.

Imagínalo de la siguiente forma: en cada momento interior la marcha del tiempo es sustituida por la danza del tiempo. Como yo sentado bajo el magnolio, en un día eterno somos libres para sentir. No es necesario superarnos ni alcanzar la verdad; hemos encontrado la paz infinita que buscábamos. He aquí unas palabras que tienen que ver con esta idea, del famoso poeta británico William Blake:

Para ver el mundo en un grano de arena
y el cielo en una flor silvestre,
abraza el infinito en la palma de la mano
y la eternidad en una hora.

Mientras reflexionamos sobre el infinito, es importante saber que la felicidad y el contento que podemos sentir en el momento no tienen límite. Ha habido gente que ha muerto por exceso de tristeza, pero nunca ha muerto nadie por exceso de felicidad. Llenemos de alegría nuestros corazones.

'Neti, neti'

Reconozco que el concepto del infinito puede ser desconcertante o frustrante. Tratamos de entenderlo con la mente, pero es complicado dar forma a algo que no encaja fácilmente en nuestra imaginación. Yo sugiero que no respondamos a la idea del tiempo infinito solo con la mente, dejemos también que el corazón intente sentirla.

Se me ocurre una forma de explicar un poco mejor la idea de tiempo infinito. Hay una expresión en sánscrito que capta el sentido de que la experiencia está más allá de la simple explicación o definición: *neti, neti*. Literalmente, el término significa «ni esto ni aquello» y es una fusión de dos palabras, viene de *na iti*, o «no es tal». A veces se utiliza cuando una persona está intentando descubrir las diversas capas de sí misma —esto no soy yo, ni tampoco esto ni esto—, hasta llegar al verdadero «yo». Estamos al comienzo de ese mismo viaje en este libro: desarrollando nuestra capacidad para abandonar el tiempo normal y la mente ajetreada cuando queramos hacerlo; fluir hacia el infinito para poder experimentar el ser en su forma más pura.

Cuando alguien ha tenido una profunda experiencia, no siempre es capaz de expresarla en palabras. De hecho, puede que ni siquiera sepa qué es lo que ha vivido exactamente. Quizá sepas a lo que me refiero. Algunas veces la esencia de una experiencia no está presente en las palabras de las que echamos mano para describirla. El lenguaje puede ser útil y de una gran belleza expresiva, pero no siempre puede llevarnos al corazón de la experiencia humana.

Una voz pregunta: «¿Qué es lo que experimentaste? ¿Fue esto? ¿Fue aquello?».

Y solo puedes responder: «No, no fue eso exactamente. Ni aquello».

«Pero ¿qué estabas haciendo en aquel momento?».

«¡Nada!».

«¿En qué estabas pensando?».

«¡En nada!».

«¿Y qué es lo que sentiste?».

«¡Todo!».

Si la experiencia no puede explicarse fácilmente, la gente da por hecho que debe de ser complicada por naturaleza. Pero por lo general es el intento de explicarla lo que resulta difícil, no la experiencia en sí misma. Más que dar una idea clara y completa de lo que ha pasado, a veces solo podemos ofrecer un atisbo de lo sucedido. Y a veces una experiencia puede ser conocible pero no expresable. He aquí unos versos del poeta Rumi sobre este tema:

Hay cierto beso que anhelamos con la vida entera,
el roce del Espíritu en el cuerpo.
El agua del mar le suplica a la perla que rompa la concha.
Y la azucena necesita apasionadamente un amante salvaje.
Por la noche abro la ventana y le pido a la luna que venga
y pose su cara contra la mía.
Respira en mí.
Cierra la puerta del lenguaje
y abre la puerta del amor.
La luna no entrará por la puerta,
solo lo hará por la ventana.

Cuando salí de la casa familiar de Dehra Dun al jardín no estaba pensando: «Voy a tener una experiencia increíble». Empecé a disfrutar de cada momento un poco más, sin entender por qué, y entonces el asombro surgió dentro de mí. Fue gozosamente simple y dejé que sucediera. Mi ventana estaba abierta.

Hay veces que la gente sale a un jardín y lo que ve y huele le parece precioso, y entonces coge unas tijeras y corta flores para la casa. Yo lo he hecho y es magnífico tener parte del perfume y el color del jardín dentro del hogar. Pero en ocasiones la oportunidad se presenta para que apreciemos la belleza por lo que es, sin tener que cambiarla. La naturaleza en un jarrón puede ser algo muy bonito; encontrarse ante la naturaleza *como es* puede resultar una experiencia de una pureza y una profundidad fabulosas.

Liberarnos de lo accesorio

Para entender la paz interior tenemos que quitar los ladrillos de nuestros conceptos intelectuales para revelar la forma y la belleza naturales del yo interior. No creamos la paz, la *descu-*

brimos dentro de nosotros. Es un liberarse de lo que no es necesario.

La gente habla de querer experimentar una revelación; pero esta es la revelación que buscamos, desprendernos de cosas de manera que podamos revelar, entender y experimentar nuestro verdadero yo interior en su perfecta simplicidad. El escritor francés Antoine de Saint-Exupéry captó la elegancia de la simplicidad cuando dijo: «La perfección no se alcanza cuando no hay nada más que añadir, sino cuando no hay nada más que quitar».

Piensa, lector, en tu camisa preferida por un momento. Ve mentalmente a tu armario y extiéndela sobre la cama. Hazte una nítida imagen mental de ella. Cuando te pongas esa camisa, con el tiempo, se ensuciará. Vas a trabajar o a jugar, viajar, vas de un lado a otro, comes espaguetis..., la camisa acaba poniéndose perdida. Y entonces la lavas. ¿Cuál es el proceso de limpieza? Muy sencillo: quitar la suciedad. No te traes la limpieza de ningún otro sitio y se la aplicas a la camisa. Lo que se hace es quitar lo que no se quiere y dejar lo que sí se quiere: la prenda limpia. Es lo mismo que buscar la paz en nuestro interior. No añades paz a tu interior, sino que dejas que el resto se desvanezca. El conocimiento personal consiste en permitirse sacar a un primer plano lo mejor de uno mismo.

Eso me recuerda a una anécdota apócrifa sobre Miguel Ángel y el secreto de la gran escultura. «¿Cómo demonios ha conseguido crear esta sublime representación de David?», le preguntaron. «Bueno», respondió el escultor, «yo solo me he limitado a eliminar todo lo que no se parecía a David».

Sigamos el camino del conocimiento propio y nos centraremos solo en nosotros, dejando a un lado todo lo demás. Así *nos* convertiremos en la constante. Es fácil que otras personas se conviertan en la constante de nuestra vida y, sin embargo, nosotros rara vez nos vislumbramos. Eso es lo que sucede cuando el ruido domina nuestra vida. Tenemos que liberarnos del ruido.

¿Podemos imaginar un estado de ser verdaderamente libre de esas distracciones? Por fuera tenemos nuestro cuerpo, y, por supuesto, cambiará. Pero hay algo dentro de nosotros que permanecerá independientemente de los acontecimientos y de otras personas. Ese es nuestro yo eterno.

Ausencia y presencia

Pero ¿cómo nos liberamos de lo que no necesitamos? ¿Cómo nos libramos del ruido? Sugiero que no nos centremos en los sentimientos negativos interiores y que, en lugar de ello, reforcemos los positivos.

Presencia y ausencia recorren el universo. Reconocemos ambas cosas, pero por lo que se refiere a nuestra propia vida, debemos elegir lo que deseamos que esté más presente y sea más fuerte. Según mi experiencia, es mucho mejor fomentar la presencia que intentar manipular la ausencia. Si carecemos de valentía, entonces el miedo sale a la luz. ¿Cuál es la mejor manera de contrarrestar el miedo? Tirar de nuestra valentía y volver a hacerla presente. Si no estamos en contacto con nuestra claridad, viene la confusión. Eliminamos la confusión reavivando nuestra claridad. ¿Cómo terminamos con la delincuencia? Ayudando a la gente a llevar una vida consciente, empezando por uno mismo. Para acabar con la oscuridad, introduzcamos la luz.

¿Te acuerdas de cuando en el colegio el profesor entraba y preguntaba: «¿Está todo el mundo?». Eso siempre me hacía reír. Los que no estaban no podían decir: «¡No, yo no estoy!». Solo podemos trabajar con lo que tenemos delante, así que no podemos deshacernos del odio sin más. Eso dejaría un vacío, y en la naturaleza los vacíos se llenan de *algo*. En lugar de eso, tenemos que elegir el amor. Si el amor está ausente crea un vacío que enseguida se llena de odio. Saquemos a la luz el amor, y el odio se desvanecerá.

Cuando pensamos en un agujero en el suelo, ¿es algo que *está* o es algo que *no está*? ¿Es una cosa con su propia forma o es la mera ausencia de otra cosa? Los agujeros existen, pero solo porque otra cosa no está ahí. No podemos mover un agujero de un sitio a otro, ¿verdad? Explico esto porque puede ayudarnos a entender la idea de la presencia y la ausencia dentro de nosotros.

¿Qué es la pena? La ausencia de alegría.

¿Qué es la confusión? La ausencia de claridad.

¿Qué es la oscuridad? La ausencia de luz.

¿Qué es la guerra? La ausencia de paz.

La guerra es un agujero, un vacío, una negación. Entonces, ¿cómo paramos la guerra? La llenamos de algo. Y lo mejor sería llenarla de paz. ¿Dónde encontramos la paz? Justo dentro de nosotros. ¿Y dónde podemos encontrar el agujero de la guerra? Justo dentro de cada uno de nosotros.

Por lo tanto, así es como damos los primeros pasos hacia la paz entre las personas: llenando los agujeros del odio, la pena, la confusión, la oscuridad y la guerra que tenemos dentro con el amor, la alegría, la claridad, la luz y la paz que todos llevamos dentro.

Una sinfonía de simplicidad

Una vez fui a un concierto de música clásica en Viena. La sala estaba abarrotada y había un tremendo alboroto de entusiasmada conversación. Los músicos salieron a escena y empezaron a afinar. Entonces la bulla subió de volumen y entró la gente que había llegado en el último momento para ocupar sus asientos, lo que supuso que otras personas se levantasen y volviesen a sentarse para dejarles pasar. Menudo barullo se armó. No me gustaba nada, de hecho, empezaba a notar cierta agitación mental. Tenía ganas de levantarme y marcharme, pero ¡no había sido fácil conseguir las entradas!

De pronto cesó la afinación, salió el director de orquesta, todo el mundo aplaudió y... silencio. Hubo un momento de agradable tensión callada cuando el director levantó la batuta en el aire. Y empezó la música. Era muy apacible al principio, y podía oírse cada resonancia de las cuerdas, el movimiento de los dedos. Fue una experiencia sensorial increíble.

A veces es así dentro de nosotros. Hay un concierto desarrollándose en nuestro corazón. Para algunos la afinación y el parloteo dura años. Para otros, se levanta la batuta y llega la paz, y entonces *comienza* la música. El ruido, el silencio y la música están dentro de nosotros.

En ocasiones puede que también haya un ritmo que nos mueva a bailar, uno más fuerte que todos los demás ritmos de la vida que suceden a nuestro alrededor. A través del conocimiento personal experimentamos nuestro verdadero compás y nos movemos a tiempo con él. Eso es lo que se siente al estar verdaderamente centrado. Todo lo demás desaparece. Hay silencio, luego suena una hermosa sinfonía en nuestro corazón. Uno se oye a sí mismo.

Desapego, ambición y elección

¿Deberíamos aspirar a estar completamente separados del mundo que nos rodea? Es una pregunta que me hacen a menudo. Mi postura a este respecto es muy simple: no se puede estar separado al cien por cien. Quien afirme vivir totalmente libre del tira y afloja de las distracciones cotidianas es un iluso.

A algunas personas les preocupa que el conocimiento del yo interior les lleve a una existencia abstracta y monótona, a un alejamiento de la realidad. Si ganamos en serenidad, ¿nos convertiremos en un vegetal (una patata, quizá, o un nabo) que está enraizado en el sitio? ¿Sin nada interesante en nuestro cerebro de patata o nabo y sin aspiraciones? ¡En absoluto!, en algunas de las historias que he leído sobre la vida de Buda veo que alcanzó la iluminación y luego se volvió muy ambicioso. En cuanto halló la serenidad quiso llevar su mensaje de paz a todas partes.

Quiero ser muy claro a este respecto: el conocimiento de uno mismo no transforma nuestro yo externo en un ser perfecto que puede deslizarse por la vida sin que le afecten las preguntas y los problemas. Lo que sí puede hacer es darnos la claridad necesaria para reconocer que tenemos elección. No tenemos elección en cuanto a cuándo nacemos y cuándo morimos. En todo lo demás sí tenemos algo que decir.

Vivir conscientemente supone entender que *siempre* tenemos elección —incluso en los momentos difíciles— y después elegir con cuidado. Vivimos inconscientemente cuando ignoramos que podemos elegir, o elegimos no elegir.

La inconsciencia de una persona puede llevar a la inconsciencia de otra, y así el círculo de la ignorancia continúa. Y tiene consecuencias. Por otro lado, ser consciente de nuestras elecciones puede resultar tremendamente motivador y gratificante. Volveremos sobre este tema en el capítulo 5.

Trascender las preocupaciones

Es tentador pensar que si nos deshacemos de todas nuestras preocupaciones, tendremos paz. Solo puedo hablar por experiencia, y decir lo siguiente: si dejo de pensar en la comida, ¿dejaré de tener hambre? No. Si alguien me dice: «Deja de pensar en la comida», ¿dejaré de tener hambre entonces? No. En la vida es probable que pasemos épocas en las que algo nos preocupe, unas veces un poco, otras veces mucho. Es entonces cuando vale la pena elegir la serenidad del corazón en lugar de la inquietud de la mente, si podemos.

Conozco a personas que han ido a los confines de la tierra en busca de ese lugar capaz de proporcionarles la tranquilidad mental que ansían. ¿Qué sucede? Que al final, cuando llegan allí, se acomodan en una silla. Entonces cierran los ojos y piensan: «¡Por fin estoy aquí! Ahora puedo experimentar la paz realmente». Durante un momento, o dos, todo está tranquilo. Y entonces oyen el canto de los grillos. O el susurro del viento en los árboles. O el romper de las olas en la orilla. O el canto de un pájaro solitario en algún remoto lugar del bosque. Y la cabeza se les llena de pensamientos que vienen de casa, como un equipaje retenido en el aeropuerto pero que acaba de haber sido entregado.

Así, hombres y mujeres huyen. Pero ¿con qué fin, si no pueden escapar de sí mismos? Cuando estamos inquietos interiormente, las maravillas naturales suenan como una cacofonía; cuando nos sentimos en casa dentro de nosotros mismos, casi cualquier cosa se convierte en música. A menos que encontremos la respuesta al ruido de la preocupación, viajará siempre con nosotros. Nuestra mayor defensa es una capacidad que llevamos a todas partes: saber que siempre podemos elegir tomar el camino del conocimiento de uno mismo hacia la paz interior.

El poeta Kabir dijo: «Si tienes que preocuparte, preocúpate de la verdad. Si tienes que preocuparte, preocúpate de la alegría. Si tienes que preocuparte, preocúpate de lo bueno de la vida». Al elegir poner las cualidades positivas por delante, hacemos que la preocupación esté ausente.

Escucha a tu corazón

Para mí el proceso del conocimiento de uno mismo —desde el *mindfulness* (conciencia plena) al *heartfulness* (corazón pleno) y después el *peacefulness* (paz plena)— es como el proceso de enviar un cohete espacial al espacio. Con el *mindfulness* serenamos la mente y centramos la atención: el cohete se coloca en la plataforma de lanzamiento. Dejamos atrás todo lo que no se necesita para el vuelo y centramos la atención, de manera que estamos listos para partir. A través del *heartfulness* conectamos plenamente con nuestro interior, de manera que podemos generar un potente sentimiento de plenitud que empieza a elevarnos del suelo. Y el *peacefulness* o paz plena es lo que experimentamos en nuestro corazón cuando subimos arriba, arriba, arriba, alejándonos de la gravedad. Y entonces caen los depósitos de combustible y estamos volando hacia la inmensidad de nuestro universo interior, más allá de las dimensiones del tiempo y espacio normales.

El corazón es ese lugar donde me encuentro profundamente feliz, no a causa de nada sino por la felicidad misma. Hay océanos en mi corazón por donde navego, no para ir a ninguna parte sino porque es un viaje increíble. El corazón es donde desarrollamos el valor para ver claridad en medio de la confusión y donde disfrutamos de la claridad por sí misma. Me siento en el cielo cuando tengo el corazón contento, cuando canta de gratitud por su existencia. Es cuando me siento vivo de verdad. Eso es lo que viví aquella mágica mañana en Dehra Dun.

Hemos de asegurarnos de que realmente conectamos con nuestro corazón, y no con la versión mental de lo que nuestro corazón podría querer. Nuestra mente tan inquieta está siempre lista para inmiscuirse e interpretarlo todo a su manera. Le resulta muy difícil dejar de escudriñar el mundo exterior para ver qué hay de nuevo. Si es la idea que tenemos del corazón, entonces solo es más ruido. Al corazón no hay que dirigirlo ni decirle lo que debe sentir: el corazón simplemente expresa lo que siente.

Es estando en paz como reconoceremos nuestras prioridades con más claridad, como dirigiremos mejor la atención. Es experimentando la paz de nuestro corazón como mejor nos conocemos a nosotros mismos. Y este parece un buen momento para dirigir nuestra atención a la diferencia que existe entre creer y conocer.

04

Conocer, no creer

La forma en que pensamos impacta decisivamente en cómo vivimos. Al dirigir y organizar nuestra capacidad de pensamiento podemos entender tanto los retos como las oportunidades a los que nos enfrentamos, y hacerlo nos ayuda a tomar mejores decisiones. Al mismo tiempo, la inteligencia colectiva de la humanidad nos permite configurar el mundo en beneficio de todos. El aumento de los estándares de vida medios es solo un ejemplo que muestra el impacto de ese gran pensamiento en nuestras vidas.

Así pues, deberíamos celebrar el poder del cerebro, pero también es inteligente ver las limitaciones del pensamiento. Interactuamos con el mundo de muy diferentes maneras, pero, en la mayoría de las sociedades modernas, es el pensamiento lo que domina el modo de vivir de las personas. Mucha gente trata de encajar todo lo que conoce en el marco de lo que *cree*, pero eso parece una manera rígida de dar respuesta a la riqueza y el fluir de la existencia, al maravilloso, complejo y caótico ajetreo de la vida.

A mí me parece que hay una forma más enriquecedora de relacionarnos con el mundo interior y el exterior. Para mí, el punto óptimo de la experiencia humana se alcanza cuando estamos intelectualmente vivos a todo lo nuevo, pero completamente centrados en nuestro ser. De esa manera, la mente está abierta al cambio mientras que el corazón nos mantiene centrados en quiénes somos. Mediante el conocimiento de uno mismo podemos empezar a concentrarnos mejor en lo que sucede en nuestro interior: no se trata de ignorar el mundo, sino de añadir conocimiento a la creencia, conocimiento de lo que realmente importa. En una época en la que se valora el pensamiento por encima de todo lo demás, este equilibrio consciente de nuestro ser es revolucionario.

Los límites del pensamiento

¿Qué problema hay con dejar que la mente domine nuestra experiencia de la vida? Pues que los pensamientos y las creencias con frecuencia compiten para explicar y expresar los aspectos importantes de quiénes somos.

Imaginemos el siguiente escenario: estás junto a la persona que más te importa en el mundo y le preguntas: «¿Me amas?». Y ella responde: «Pienso que sí». *¿Piensa* que te quiere? Y si dijera: «Creo que sí». *¿Cree* que te quiere? También podría haber respondido: «¡De ninguna manera!». Uno *sabe* si ama a alguien o no.

He aquí otra sencilla cuestión que revela los límites del pensamiento: ¿quién eres? Con frecuencia la gente se ve en apuros para contestar a esta pregunta porque requiere trascender la creencia y recurrir al sentimiento. No podemos responderla de manera coherente dando nuestro nombre, edad, sexo, profesión, estado civil y color favorito. No podemos responderla de manera coherente mediante la lógica o la teoría. Se trata de una conexión con uno mismo que es tan profunda y clara que hace innecesario responder con palabras, sencillamente lo *sabemos*.

Swami Vivekanand, el monje hindú indio que daba conferencias internacionales sobre la filosofía vedanta, dijo en una ocasión: «Creer ciegamente es degenerar el alma humana. Sé ateo si quieres, pero no creas en nada servilmente». Creer es popular en parte porque otra persona ha hecho los deberes por nosotros. No es que no entendamos las consecuencias de creer ciegamente, es que parece mucho más fácil que conocer. Pero, en realidad, conocer no es tan difícil: se trata de conocerse a uno mismo, no de conocer otra cosa o a otra persona.

Un universo interior

Cuando Sócrates dijo: «¡Conócete a ti mismo!», era una invitación a experimentar el universo más íntimo que tenemos dentro. ¿Y con qué nos encontramos cuando llegamos a ese lugar de conocimiento interior? No a una lista de nuestras creencias. Ni a la revelación de nuestros rasgos de carácter, tipos de personalidad o indicadores psicológicos. Ni a una teoría de quiénes somos. Nos topamos con un sentimiento de paz infinita y un sentido reconocimiento de la propia presencia en el momento. Esa es la conexión completa de uno mismo con la fuerza universal. Y es la más extraña de las experiencias en un mundo de ruido y ajetreo: el gozo de ser, simplemente.

El razonamiento de la mente se expresa mediante una serie de preguntas: ¿Quién? ¿Qué? ¿Dónde? ¿Cuándo? ¿Cómo? ¿Por qué? Etcétera. Estas cuestiones pueden ser increíblemente útiles en nuestra vida cotidiana, pero no nos llevarán hasta el infinito. Para experimentar lo que *es*, en el sentido más profundo, tenemos que salir del marco mental. Cuando nos alejamos de esas cuestiones, empezamos a *conocer*.

Esa es la razón por la que el conocimiento de uno mismo se llama yoga Raj. *Yoga* no significa «dóblate en todo tipo de posturas»; significa «unión». *Raj* significa «rey». El yoga Raj es el Rey del yoga que te une a lo divino, la más grande de todas las uniones. Y lo divino no es algo misteriosamente escondido en lo alto de una montaña; es la paz de tu corazón.

El corazón me habla de la misma forma directa en que se expresa el cuerpo. Cuando el cuerpo tiene hambre, me lo dice. Cuando el cuerpo tiene sueño, me lo dice. Cuando el cuerpo duele, me lo dice. No se espera ni se da ningún «por favor». No hay sutilezas ni modales. «Tienes hambre; será mejor que comas algo», dice. El conocimiento de uno mismo nos permite oír a nuestro yo interior claramente, de manera que cuando el corazón está satisfecho, lo sabemos. Cuando el corazón está lleno de alegría, lo sabemos. Cuando el corazón está pletórico de amor, lo sabemos. El lenguaje de la paz interior es claro, profundo e inmediato. Tiene una sencilla poesía que es una delicia de oír.

Encontrar el camino

¿Cuál es la primera regla de navegación para pilotos? ¡Saber dónde se está! No sirve de nada tener un mapa si no conoces tu posición. Creer sin conocerse a uno mismo es como tener un mapa, pero no entender cuál es tu situación en él. Si no sabes dónde estás, ¿cómo vas a llegar adonde quieres ir?

Los pilotos pueden experimentar algo llamado «pérdida de orientación», y cuando eso sucede, desconocen la posición, la altitud y la velocidad aerodinámica. No se encuentran donde ellos creen. De hecho, están perdidos y confusos. Nosotros podemos experimentar algo parecido en nuestra vida diaria. Sin conocer nuestro yo, tendremos muchos planes e ideas, pero poco sentido de lo que verdaderamente importa. Sin conocer el yo, es posible que tengamos infinitas preguntas que nos alejan cada vez más de una respuesta satisfactoria. Sin conocer el yo, quizá sintamos una constante necesidad de buscar paz sin haber experimentado nunca la paz que ya llevamos dentro.

Te invito a averiguar dónde te encuentras en este momento mirando, *también* hacia dentro y considerando tu existencia en el aquí y ahora. De esta manera, el conocimiento del yo va de conocer la *posición presente*. ¿Qué es lo más importante que

podemos conocer? Que estamos bendecidos con la vida y todos tenemos la oportunidad de sentirnos realizados cada día,
cada hora y cada minuto. Cuando estamos conectados con la
paz interior, verdaderamente disfrutamos del viaje de la vida,
experimentamos alegría y contento en el momento presente
en vez de esperar a alcanzar un destino imaginario mañana.

El significado proviene del interior

Lo que tenemos en nuestro interior es el punto de partida de
todo significado. Podemos mirar por la ventana y pensar:
«¡Qué bonito es el mundo!», sin darnos cuenta de que la belleza comienza dentro de nosotros porque viene de nosotros.
Llevamos un universo de belleza infinito dentro de cada uno
en este mismo instante. El conocimiento de uno mismo es el
camino que nos lleva a todas esas maravillas interiores que esperan a que les prestemos atención.

Pensemos en la dulzura de un mango. Todos los ingredientes necesarios para producir ese increíble sabor están en la fruta, pero solo cobra vida cuando lo abrimos y lo disfrutamos.
Sin el deseo de saborearlo y la sed de su zumo, solo sería un

objeto con ciertas propiedades químicas. Cuando añadimos nuestro deseo y nuestra sed, comer un mango se convierte en una experiencia deliciosa. En definitiva, el maravilloso dulzor de la vida está dentro de nosotros, esperando a ser paladeado.

Tienes mucha sed y alguien te ofrece que elijas entre un vaso de agua fría y una presentación de treinta minutos sobre las cualidades de un vaso de agua fría: ¿qué eliges? ¡Lógico! En lugar de tratar de satisfacer nuestra sed de autoconocimiento desarrollando una teoría de quiénes somos, siempre podemos elegir *experimentar* quiénes somos.

Sin experiencia, todo lo que pensemos y creamos es teoría. Podemos hacernos adictos a las teorías, con la esperanza de que lo explicarán todo milagrosamente. Y luego podemos empezar a doblegar la realidad para que se ajuste a nuestras ideas. Me recuerda a una ocurrencia que le oí a un economista: «¿Esa idea funciona muy bien en la práctica, pero funciona en la teoría?».

La teoría tiene muchos usos —en ocasiones, de fundamental importancia—, pero tiene sus límites. Imaginemos que hay un hombre que ha prometido a su pareja que va a preparar una deliciosa comida para celebrar su aniversario.

«¿Qué has preparado para cenar, cariño?».

«Oh, te quiero tanto que me he pasado toda la tarde pensando en lo que quería hacer para ti», contesta él.

«Suena bien».

«Pero a la hora de la verdad no he preparado nada».

«Oh».

Es como un debate filosófico. Puede ser interesante juntar los mejores ingredientes intelectuales sobre *ser humano*, pero será más emocionante si pueden transformarse en exquisita experiencia. Esto no pretende ser un argumento contra la búsqueda filosófica, solo señalo que las ideas y las teorías sobre quiénes somos nos ayudan hasta cierto punto. La vida no es teoría.

¿Qué es conocible?

Podemos distraernos teorizando sobre el yo y perdernos la oportunidad de conocer nuestro yo. ¿Qué es conocible? Podemos conocer que estamos vivos, que estos momentos por los que estamos atravesando son reales, que disfrutamos cada instante al máximo, que la paz interior ofrece el profundo sentido de plenitud que ansiamos, que cuando estamos en paz, tanto el mundo interior como el exterior pueden brillar aún más en toda su gloria. El conocimiento no es una explicación: consiste en experimentar la divinidad que llevamos dentro.

Esa sencilla verdad está delante de nosotros, pero cavilar demasiado puede distraernos de las simples verdades. Como dijo Eurípides, el dramaturgo clásico griego, «la inteligencia no es sabiduría». A veces parece que la gente lee una guía de dos mil páginas para un libro de una página, y cuanto más lee menos entiende.

Hay una vieja historia sobre esto que me gusta mucho. Dice así: las personas más inteligentes de una región se reunieron para decidir qué era más importante, el sol o la luna. Deliberaron, deliberaron y deliberaron, yendo hacia atrás y hacia delante. Finalmente, llegaron a una conclusión: la luna era más importante. ¿Y por qué la luna era más importante? «Mirad», dijeron, «durante el día, cuando hay luz de sobra, el sol brilla. Pero por la noche, cuando está oscuro, la luna brilla. Así que claramente la luna es mucho más importante».

La primera vez que oí esa historia me reí y pensé «eso es ridículo». Y entonces se me ocurrió: en realidad, así es como pensamos a veces. Olvidamos apreciar las cosas esenciales de nuestra vida, los elementos fundamentales que tenemos delante de nuestras narices. Cuando lo reconocemos, apreciamos entonces lo que es verdaderamente importante, es como si una luz brillara sobre nosotros, iluminando el increíble regalo que se nos ha dado.

El camino despejado

Una vez estaba conduciendo en la hora punta londinense cuando, por delante, vi a alguien caminando por la calle de una manera muy particular. Andaba a paso normal, pero, incluso a cierta distancia, me daba la impresión de que su lenguaje corporal era un poco diferente del de quienes le rodeaban. Al acercarme, se hizo evidente que la persona —un hombre solo— no veía, y que utilizaba un bastón para ir tanteando el camino.

Había visto a muchas personas con discapacidad visual caminando con un bastón anteriormente, así que no fue eso lo que me llamó la atención. Fue que este hombre no mostraba ninguna preocupación visible por la pared que tenía a su derecha, ni por la carretera que quedaba a su izquierda, ni por ninguno de los otros obstáculos potenciales de alrededor. Usaba el bastón para determinar una zona despejada suficiente para seguir moviéndose con seguridad. El hombre se movía con decisión, lo que sugería que el tráfico que pasaba no le distraía mentalmente, ni el hombre ni la mujer que hablaban a la entrada de una tienda, ni la música procedente del coche aparcado un poco más adelante, ni el potente ladrido de un perro al otro lado de la carretera, etcétera. Él sabía dónde se encontraba y solo se hacía una inequívoca pregunta todo el tiempo: «¿Tengo camino libre por delante para continuar?».

Pensé en lo eficaz que era ese método comparado con la manera en que podemos terminar pensando a lo largo de nuestra vida. A veces imaginamos problemas y obstáculos potenciales por todas partes. Vemos peligros donde no los hay y pasamos por alto los que están ahí. Dejamos que lo que sucede a nuestro alrededor nos absorba la atención, en lugar de centrarnos en dónde nos encontramos ahora y adónde queremos ir a continuación. Cuando vemos la montaña, nos sentimos abrumados, pero hay un sendero que rodea esa montaña. Nos paraliza pensar en todos los obstáculos que tenemos ante nosotros y no vemos la sencillez del camino despejado que tenemos delante.

¿Qué hace una persona con discapacidad visual cuando se topa con un obstáculo? Tantea en busca del camino despejado que la rodee. ¿Qué hacemos nosotros cuando nos encontramos un obstáculo mental? Con frecuencia seguimos chocando contra él, con la esperanza de que se mueva por su propia cuenta.

Quiero hacer hincapié en este punto: sé por experiencia que el conocimiento de uno mismo no despeja de obstáculos nuestro camino como por arte de magia. Lo que sí puede hacer es ayudarnos a ver el camino despejado. Entonces podemos elegir qué hacer. Si nos centramos en lo que es importante para nosotros, y seguimos tanteando en busca del camino despejado, podremos seguir adelante.

Sé que, a veces, parece que los obstáculos dominan nuestra vida, y que ese sentimiento es abrumador. Sé también que las personas a menudo ven grandes obstáculos para desarrollar el autoconocimiento, experimentar alegría, ver que la paz prospera en su corazón, tener claridad y tomar buenas decisiones. Pero todo eso no son más que creencias, y *sé* que verdaderamente hay un camino despejado para nosotros cuando elegimos conectarnos con la paz interior y empezar desde ahí.

Una conversación entre la cabeza y el corazón

Al poner más énfasis en los sentimientos, ¿hay algún peligro de que nuestras respuestas emocionales al mundo sean incontestables? Puede que sí. Sabemos que los sentimientos no siempre se ajustan a la realidad. Sabemos que a veces todos podemos ser vanamente irracionales. Además, las emociones pueden verse en gran medida conformadas por nuestra mente. Si no conocemos nuestro yo interior, podemos dejarnos engañar por cualquier cosa, emociones incluidas, pero a través del autoconocimiento tratamos de conectar con una serie de sentimientos más profundos.

Lo que encuentro útil es escuchar cuidadosamente tanto a mis pensamientos como a mis sentimientos más profundos, de manera que estén en equilibrio. Si parecen discrepar entre ellos, probablemente sea un buen momento para invitar tanto a la mente como al corazón a sentarse alrededor de una mesa y hablar. Y si vamos a hacerlo, quizá podríamos invitar a la conversación a otra parte de nosotros, el instinto o la intuición: la suma de todas nuestras experiencias.

La mente es, con frecuencia, el participante más ruidoso en nuestra conversación interior —siempre podemos oír el coro de quién, qué, dónde, cuándo, cómo y por qué—, por lo que puede resultar útil propiciar la voz del corazón. Mientras que la mente se afana en hablarnos de expectativas, planes, aspiraciones y ansiedades; el corazón sencillamente dirá una cosa de muchas diferentes maneras: «Siéntete pleno». Y, en mi opinión, esa es la razón por la que la respuesta más trascendente a la pregunta: «¿Quién eres?» ha de buscarse en el corazón.

Mientras que la mente trata constantemente de crear significado, el corazón rebosa espléndidamente de significado. Pensemos en el ejemplo anterior sobre el amor: él no requiere explicaciones. La mente intenta darnos razones, pero lo sentimos en el corazón o no lo sentimos: el amor *es*, sin más. ¿A que es maravilloso?

Ocurre lo mismo con la paz: sencillamente *es*, en nuestro corazón. La sed de paz está en nosotros y la fuente de paz está en nosotros. Por eso siempre resulta fascinante hablar con alguien sobre la paz por primera vez, porque ambos debemos empezar con la mente —entendiéndonos al principio mediante las palabras— y luego tratar de vislumbrar la belleza informe de la paz interior. En definitiva, la paz tiene sentido como sentimiento.

En este libro intento transmitir lo que la paz puede ser en la vida de todos, pero cada uno tiene que experimentarla y entenderla individualmente.

Una herencia poco útil

Tenemos la mente llena de lo que se le ha dado a lo largo de los años, de lo que hemos elegido aceptar y creer. Cargamos con nuestras creencias, y a veces son como un pesado equipaje. Imaginemos por un momento que soltamos las maletas llenas de creencias. Imaginemos lo ligeros que eso puede hacernos sentir, abiertos a nuevas ideas y experiencias.

Merece la pena considerar cómo aprendemos lo que creemos y lo que conocemos. Por ejemplo, el aprendizaje memorístico —memorizar mediante la repetición— es una forma de reunir información de nuestros padres. La utilizamos también en la vida adulta. La primera vez que fui a Japón quería aprender a decir «gracias», así que se lo pregunté a unos amigos.

«*Arigatou gozaimasu*», contestaron.

«¿Qué?», dije yo.

«*Arigatou gozaimasu!*».

«¿¡Quééé!?». Me parecía un sonido muy complejo.

«Arigatou gozaimasu!».

«Ummm...».

Poco a poco me ayudaron a desentrañarlo, entenderlo y practicarlo diciendo las palabras hasta que la frase empezó a decirme algo, y así pude utilizarla en una conversación. E hicieron lo mismo con otras frases útiles. Se trataba de hacer mías las palabras.

Así pues, el aprendizaje memorístico puede ser útil, pero debemos tener cuidado de no aferrarnos a todo lo que nos han contado. A medida que crecemos, nuestros padres y profesores comparten con nosotros su comprensión del mundo. De alguna manera hacerse independiente consiste en prepararse a reconsiderar lo que nos han enseñado. Las asunciones que hacemos y las preguntas que le hacemos a la vida, ¿son *nuestras* asunciones y preguntas? Gran parte del ruido que tenemos entre los oídos en realidad pertenece a otras personas, pero siempre hemos tenido la opción de bajar el volumen de su voz para poder oírnos a nosotros mismos.

Nuestros padres probablemente nos dijeron cosas con buena intención, pero no necesariamente tenían razón. Se han ido pasando ideas equivocadas de generación en generación como si fueran reliquias rotas de familia, y cargamos con esas ideas heredadas en aquellas pesadas maletas. Es probable que pensemos en «verdades» que han servido de guía a nuestros padres y profesores y que ahora nos parezcan del todo equivocadas. Simplemente tenemos que seguir cuestionándonos lo que hemos aprendido para continuar viendo el mundo con claridad, no a través de los ojos de otros, sino a través de los nuestros.

Un día, en una clase de ciencias del colegio, el profesor dijo: «Abrid el libro de Física por la página 132». Así que fuimos a esa página y, cuando llevábamos unos minutos leyendo el texto, el profesor señaló que en él, equivocadamente, se definía el átomo como indivisible. «¡Tachadlo!», exclamó. Y eso me hizo cuestionarme que todos los estudiantes del año anterior habían utilizado este libro, y que era posible que aún creyeran que el átomo seguía siendo indivisible. A ver, ignoro qué supuso para ellos esa creencia, pero aquella anécdota me enseñó que es mejor no aferrarse a ninguna teoría.

Con los años he visto que las ideas heredadas pueden ser un estorbo para aprender algo nuevo, mientras que lo que hemos aprendido a través de la experiencia nos anima a abrirnos a un mundo de posibilidades. ¿Es posible que adquiramos más confianza de la experiencia que de las ideas?

Tenemos esta maravillosa oportunidad para vivir la vida conscientemente y no seguir maquinalmente las creencias de nuestros padres y profesores (lo que en realidad es solo reencarnación intelectual). Y esa es la razón por la que te invito a que seas consciente de si mis palabras van con tu sensibilidad. No las creas sin más: contrástalas, no con tus teorías sino con tu experiencia.

Guardar silencio

Cuando alguien cuestiona nuestras creencias, puede que nos provoque miedo. Creencia y miedo se entrelazan como dos arbustos de espino que crecen uno al lado de otro. Es difícil separarlos. Si vivimos con miedo resulta tentador encontrar refugio en las creencias, pero las creencias a veces pueden llevarnos a más temores.

Encuentro útil acercarnos al aprendizaje recordando el equilibrio entre mente y corazón que he mencionado antes: la mente debería estar abierta al cambio constante, pero el corazón es inmutable. Eso me da fortaleza en mi fuero interno, pero también la voluntad de oír otros puntos de vista. He aquí una historia que me viene a la mente sobre abrirse a nuevas ideas y aprender de otras personas.

Érase una vez un joven que quería ser sabio, así que buscó a un hombre sabio. Buscó, buscó y buscó hasta que encontró a alguien que parecía encajar en la descripción. Se acercó al sabio y le dijo: «Por favor, ¿podría proporcionarme sabiduría?».

Al principio el hombre parecía reacio. «¿Estás preparado para recibir sabiduría?», preguntó.

«Desde luego», respondió el joven. «Llevo años buscándola. He viajado por todo el mundo, y estoy preparado».

El hombre sabio se quedó pensativo y dijo: «De acuerdo, te enseñaré, pero primero tengo que regar mis cultivos. Por favor, acompáñame al pozo y espera mientras saco agua. Con una condición además: pase lo que pase guarda silencio y no digas nada. Cuando haya regado mis plantas, te proporcionaré sabiduría».

El estudiante pensó: «Esto está muy bien, lo único que tengo que hacer es estar callado, ver cómo riega sus plantas y luego me proporcionará sabiduría».

Fueron al pozo y el hombre sabio echó el cubo por la abertura. Al cabo de un minuto, lo sacó y, como este estaba lleno de agujeros, el agua se iba por todas partes y enseguida se quedó vacío. Inmediatamente el hombre sabio cogió el cubo vacío y lo lanzó al pozo otra vez.

El estudiante pensó: «Umm, qué raro: ¿de verdad es tan sabio? ¿Acaso no sabe que el cubo está lleno de agujeros? ¿Cómo va a regar las plantas si cada vez que suba el cubo, este estará vacío?». Pero entonces pensó: «Vale, lo único que tengo que hacer es estar callado y él me dará sabiduría».

El hombre sabio sacó el cubo. Una vez más el agua se derramaba por los agujeros y enseguida se vació. El estudiante dudó, pero se dijo a sí mismo: «Tú estate callado y obtendrás sabiduría».

Por tercera vez se alzó el cubo y el agua se iba por los agujeros. Se vaciaba al instante, pero el hombre volvía a lanzarlo al pozo. Ahora sí que el estudiante tenía serias dudas. «Por qué no ve que el cubo tiene fugas y está lleno de agujeros? ¿Realmente este hombre puede ser un profesor?».

Por cuarta vez reapareció el cubo perdiendo agua por lo agujeros, y el hombre sabio volvió a arrojarlo al pozo. El estudiante pensaba: «¿Qué le pasa a este hombre? ¿Realmente puede enseñarme algo?».

Por quinta vez, el hombre sabio sacó el cubo y el agua que se derramaba estaba formando una enorme charca en el suelo junto al pozo. Esta vez el estudiante no pudo reprimirse más. Le dijo al hombre sabio: «Discúlpeme; ¿acaso no sabe que el cubo está lleno de agujeros y no puede contener nada?».

El hombre sabio lo soltó, sonrió y se sentó junto al estudiante. «Es verdad, el cubo está lleno de agujeros y no puede contener el agua. Y tú has mostrado que el tuyo tiene muchos agujeros y no puede contener nada. Tienes la mente llena de creencias, de la misma manera que este cubo está lleno de agujeros».

Como en muchas viejas historias, la conclusión es muy sencilla —si tu mente ya está llena de creencias, te resultará difícil aprender nada de otros—, pero la sabiduría se mueve hacia fuera, como las ondas que provoca una piedra arrojada a un estanque. O a un pozo.

Una vez, un escéptico fue a oír hablar a mi padre. Tenía intención de interrumpirlo desde atrás y esperaba el momento oportuno para poner objeciones a algo: a un mensaje, a una historia, a lo que fuera. Eso le obligó a escuchar con mucha atención lo que decía mi padre. Cada palabra. No llegó a interrumpirlo. De hecho, hacia el final de la sesión, estaba más que dispuesto a preguntarle a mi padre sobre el Conocimiento. Había ido con una serie de prejuicios, pero se abrió lo bastante como para dejar que el corazón y también la cabeza escucharan.

Necesidad de saber

A veces la gente me dice: «Vamos, sea realista; toda esta cháchara sobre la paz interior es una fantasía». De hecho, muchas personas dudan de que la paz sea posible. Algunas llegan a esta conclusión después de mucha reflexión y yo lo respeto. Otras simplemente descartan toda posibilidad de paz en el corazón. Sin el conocimiento del yo consciente, los grandes principios como «la paz es posible» pueden resultar amenazadores. Algunas personas tienen miedo de dejar que la duda entre en su casa de fuertes creencias.

Las dudas pueden volvernos locos. Si dudas de que la persona que amas te es fiel, el miedo que eso supone no va a disiparlo ninguna teoría. Necesitamos saber.

Permíteme dramatizártelo. (Te resultará útil saber que Akbar fue un gobernante indio del siglo XVI y Birbal, su consejero).

Un día la esposa de Akbar, el emperador, se acercó a él y le dijo: «Favoreces a tu consejero Birbal por encima de mi hermano. Él es de tu familia, deberías darle preferencia. ¡Birbal no es nada!».

Akbar contestó: «Sí, favorezco a Birbal. Es ingenioso e inteligente».

Su esposa dijo: «También mi hermano y quiero que le nombres».

Akbar replicó: «Muy bien, ¿y cómo puedo hacerlo?».

Y ella dijo: «Muy sencillo: sal a pasear al jardín. Llama a Birbal. Dile que venga a buscarme. Yo me negaré a ir y así podrás echarle por no haber cumplido tu orden».

Más tarde, Akbar paseaba por los jardines y dijo: «Llamad a Birbal». Y este acudió enseguida.

«¿En qué puedo serviros, majestad?».

«Ve a buscar a mi esposa. Quiero que esté aquí mientras paseo».

Birbal miró a Akbar y dijo: «Su majestad, tenéis muchos sirvientes, ¿por qué me concedéis este honor?».

El emperador tenía una mueca en la cara. «Por ninguna razón en particular», respondió. «Simplemente te elijo a ti».

Birbal se dio cuenta de que algo pasaba. Se figuró que se trataba de una maniobra de la esposa del emperador, y enseguida dedujo que esta no tenía intención de comparecer.

De camino a los aposentos de la emperatriz, paró a uno de los guardias y le dijo: «Voy a hablar con su alteza. Cuando estemos a mitad de conversación, entra y empieza a susurrarme al oído. Quiero que digas unas palabras lo bastante alto como para que ella las oiga. Las palabras son: "Y es *muy* hermosa"».

Birbal fue a hablar con la emperatriz.

«Su alteza, el emperador desea que se reúna con él en el jardín...», etcétera, pero no sirvió de nada. Al cabo de un rato entró el guardia y le susurró al oído —como se le había indicado— y dijo: «Y es muy hermosa». Luego se marchó.

Birbal se dirigió a la emperatriz: «Ah, alteza, ya no hace falta que vengáis, pero me parece que me necesitan allí». Y salió.

Dos minutos después la emperatriz estaba con el emperador en el jardín. Este se volvió hacia ella y dijo: «¿Lo ves? Te advertí que Birbal es muy inteligente. ¿Cómo lo has hecho, Birbal?».

Y Birbal respondió: «Majestad, lo único que tuve que hacer fue plantar una pequeña semilla de duda, y ella tenía que saber».

Sobre la enseñanza

Muchas veces mi padre nos decía a mis hermanos y a mí: «Nunca he entendido cómo, pero mi maestro contestaba a todas las preguntas que ni siquiera le había hecho». Una de las cosas que aprendimos de él fue cómo escuchar y luego pensar en lo que se nos había enseñado. A menudo las preguntas se aclaraban después de que verdaderamente hubiera oído las respuestas.

Le estoy muy agradecido a mi padre por todo lo que me dio, en especial por el regalo de ser capaz de mirar hacia mi interior y sentirme pleno. Nuestra relación terminó hace mucho tiempo, cuando él falleció, pero el regalo que me entregó sigue dando frutos. Mi ambición es compartir las semillas de esa fruta con cuantas personas me sea posible.

De joven no siempre era fácil que se me viera como un maestro. Recuerdo asomarme a grandes salas y ver a doctores, abogados y muchas otras personas mayores y cultas sentadas pacientemente, esperando a que yo hablara. Ahí estaba yo, con 9 o 10 años; ellos tenían 30, 40, 50, e iban a hacerme preguntas. Y yo iba a darles respuestas.

Cuando hablaba, la gente me preguntaba a menudo: «¿Cómo sabes eso?». Y mi respuesta siempre era: «Porque lo he *expe-*

rimentado». Y entonces la gente decía: «¿Puedes enseñarme?». Y yo respondía: «Sí, pero primero tiene que sentir sed de paz». Ello es porque prepararse para el autoconocimiento empieza con el reconocimiento del deseo de *conocerse a uno mismo.*

No tiene sentido emprender este viaje si lo que queremos es confirmar nuestras creencias existentes; se trata de sentir la necesidad de experimentar quiénes somos *de verdad.* Es como cuando das un regalo envuelto a un niño. Enseguida pregunta: «¿Qué es? ¿Es *esto?* ¿Es *aquello?* ¡Creo que ya sé lo que es!». Trata de hacer coincidir la forma del regalo con lo que quiere que sea. Pero la única manera de saber lo que hay dentro es quitando las capas de envoltorio. Ocurre lo mismo con el yo interior.

En India, cuando terminaba mis giras de conferencias, volvía al colegio y entonces me convertía en estudiante otra vez. A veces al profesor le costaba adaptarse tanto como a mí. Un día se me escuchaba con gran atención, y al siguiente los profesores me gritaban: «¡Llegas tarde!». (Y probablemente *llegaba* tarde).

Así que me pregunté a mí mismo: «¿Quién soy?». La respuesta empezó con este sencillo pensamiento: «Mi vida es cambiante, pero a través del conocimiento de mí mismo siempre estaré conectado con mi yo interior». Con enorme claridad vi que nada iba a durar para siempre, así que no tenía que preocuparme por desempeñar diferentes papeles en la vida. Pensé: «No voy a ser estudiante eternamente, pero cuando estoy en el colegio puedo ser *esa* parte de mí». Y: «No voy a ser un niño toda la vida, pero mientras lo sea puedo ser ese hijo». Y: «No necesariamente voy a pasarme la vida disertando sobre la sabiduría de India, pero mientras lo haga puedo ser ese disertante».

Comprender que nada en la vida es fijo resultaba liberador. Me permitía tener una actitud más flexible, y eso hizo que algunos de mis profesores más difíciles fueran más llevaderos.

Suspender la creencia

«La sabiduría empieza con el asombro», dijo Sócrates, volviendo a condensar una profunda verdad en pocas palabras. El mismo pensamiento resuena en el deseo del poeta inglés Coleridge de que los lectores permitan a su imaginación la «voluntaria suspensión de la incredulidad por un momento, que constituye la fe poética».

Nacido en 1772, Samuel Taylor Coleridge quería que los lectores se liberasen de su mente lógica cuando leían, de manera que pudieran experimentar algo diferente, algo que fuera más allá de lo que ya pensaban. Con este espíritu, Coleridge comenzó un proyecto llamado *Baladas Líricas*, en colaboración con su compañero poeta William Wordsworth, para la creación de una serie de poemas sumamente imaginativos. Coleridge describía el objetivo de Wordsworth como el de:

... despertar la atención mental del letargo de la costumbre y dirigirla hacia la hermosura y las maravillas del mundo que tenemos ante nosotros; un tesoro inagotable, para el que, como resultado de la pátina de la familiaridad y de nuestras egoístas preocupaciones, tenemos ojos, pero no vemos, oídos que no oyen y corazones que ni sienten ni comprenden.

Con espíritu parecido, a lo que aspiramos es a una *voluntaria suspensión de la creencia*. Sí, siempre necesitaremos pensamiento inteligente y buenas ideas para informar de cómo entendemos el mundo. La ciencia es enormemente beneficiosa para todos.

Pero con respecto al conocimiento del yo interior, debemos acallar nuestro pensamiento y escuchar la voz más profunda que llevamos dentro. Necesitamos tener ojos que vean de verdad, oídos que oigan de verdad, y corazones que verdaderamente sientan y comprendan, que verdaderamente *conozcan*.

Además de desarrollar nuestra mente, ¿qué daño hay en una suspensión voluntaria de la creencia que despierte nuestra atención del letargo de la vida rutinaria y la dirija a las maravillas del mundo que tenemos ante nosotros y dentro de nosotros?

05

Empezar por uno mismo

Un joven caminaba por la carretera cuando vio a un hombre mucho mayor, encorvado por el peso de un enorme haz de leña que cargaba a la espalda. El joven pensó para sí: «Este hombre lleva ya mucho tiempo vivido, mientras que yo acabo de empezar: ¿por qué no pedirle un poco de sabiduría?». Así que se acercó y dijo: «Anciano, por favor, deme algún consejo sobre la vida». El hombre lo miró, se quitó la pesada carga de los hombros, la dejó en el suelo y se enderezó. Luego volvió a mirarlo, se encorvó, se echó la leña de nuevo a la espalda, se irguió y se marchó.

¿Cuál es la moraleja de esta historia? Quizá que deberíamos limitar las cargas que llevamos. O tal vez nos habla de que gran parte de la vida consiste simplemente en avanzar con lo que es necesario, y que deberíamos evitar entretenernos con distracciones. O que a veces podemos decir más mostrando que con palabras. Pero lo que *siempre* saco de esta historia es el recordatorio de que la vida exige que nos valgamos por nosotros mismos. Puede que necesitemos ayuda de otros de vez en cuando, pero al final debemos asumir la responsabilidad nosotros mismos. De eso trata este capítulo.

Pilotar nuestro propio barco

Retrocedamos un poco. Cuando nacimos, éramos el centro de nuestro mundo. Aún no nos afectaban las complejidades y confusiones de la vida, y éramos capaces de expresar la pura energía de estar vivos y tener necesidades. Pensemos en la forma natural en que un bebé ríe o llora. Pensemos en la amplia sonrisa de un niño cuando está disfrutando. ¿Por qué dejamos que desaparezcan esos sentimientos? Cuando somos adultos, nos volvemos como actores que actúan para otras personas, tratando de contentar a todo el mundo. Pero ¿dónde está *nues-*

tra alegría? ¿Dónde está *nuestro* amor? ¿Dónde está *nuestra* paz? Están siempre en lo más profundo de nosotros, pero a veces nos olvidamos de que están ahí.

Cuando ocurre esta desconexión de nuestro ser interior, buscamos respuestas en el mundo exterior. Otras personas nos ayudan —de muchas maneras, desde escuchar con amabilidad hasta la orientación experta—, pero al final tenemos que recuperar esa conexión con quienes somos de verdad. Al final, solo yo soy responsable de mi felicidad, y solo tú eres responsable de tu felicidad.

¿Te apruebas?

A veces creemos equivocadamente que lo que familia, amigos y compañeros de trabajo piensan de nosotros es lo que *somos*. Podemos terminar moldeando nuestras opiniones para que concuerden con lo que ellos piensan o con lo que *pensamos* que otros piensan. Podemos ser como esos políticos que consultan las encuestas continuamente para comprobar los índices de aprobación y solo dicen lo que ellos creen que la gente quiere oír. Pero las opiniones de otras personas y las nuestras son dos cosas diferentes. El emperador y filósofo romano Marco Aurelio lo expresó así:

La felicidad del hombre depende de sí mismo, y, sin embargo, vemos que fundamenta su felicidad en el alma y las ideas de otros hombres.

Es difícil respetar a alguien que no se respeta a sí mismo. De hecho, vemos la necesidad de aceptación por todas partes. La gente se preocupa por lo que los desconocidos puedan pensar de su aspecto, por si ha dicho algo inteligente en las reuniones o por si cae bien a los demás. Y lo más importante de todo: *¿tú te apruebas? ¿Te* gusta pasar tiempo contigo? *¿Te* entiendes y aprecias a *ti* mismo? Esto no va de ser egocéntrico, va de estar centrado en uno mismo.

No te ofendas, no ofendas

En casa, en el trabajo, en el colegio, en público, nos sentimos juzgados constantemente, y entonces devolvemos el favor de juzgar nosotros a todos los demás. Criticamos a las personas por ser críticas. Y así puede crearse una atmósfera negativa, a modo de sistema meteorológico, y luego, sin que nos demos cuenta, vienen las tormentas.

Imaginemos dos sustancias químicas que son estables por sí solas, pero que explotan si se las combina: ahora pensemos en ellas como si fueran el deseo que tienen dos personas de criticarse la una a la otra. Mezcla las dos sustancias químicas y se iniciará el proceso de combustión emocional.

Pero hay otro camino. No siempre resulta fácil, pero si dejamos de juzgar a los demás, y nos centramos en cuánto nos aprobamos a nosotros, todo se transforma. Cuando nos sentimos centrados en nuestro yo interior, no nos molesta oír las opiniones de otras personas, sean las que sean.

Un mantra que encuentro útil es: «No te ofendas, no ofendas». Dicho de otra manera, si tú no tienes en cuenta los comentarios negativos, tampoco tendrás la necesidad de verterlos sobre los demás.

Cuando tenemos la tentación de centrarnos en la naturaleza de otra persona, lo que podemos hacer es centrarnos en nosotros mismos. ¿Cómo soy? ¿Me entiendo a mí mismo? ¿Soy amable y cariñoso con los demás? ¿Siento la paz dentro de mí? Me digo a mí mismo: «No busques la generosidad en los demás hasta que no la hayas encontrado en ti mismo. No busques el amor en los demás hasta que no lo hayas encontrado en ti mismo. No busques la paz en los demás hasta que no la hayas encontrado en ti».

El poeta Rumi capta esta idea maravillosamente:

Ayer era inteligente, así que quería cambiar el mundo. Hoy soy sabio, así que estoy cambiándome a mí mismo.

La misma sabiduría la expresó, seiscientos años más tarde, el escritor ruso León Tolstói:

...en este mundo todos piensan en cambiar a la humanidad, y nadie piensa en cambiarse a sí mismo.

Resumiendo: empieza por ti mismo.

No es asunto tuyo

He encontrado un maravilloso dicho que nos recuerda que hay otra manera de responder a las críticas: «Lo que otras personas piensen de ti no es asunto tuyo». ¡Exacto! Si alguien a quien respetas hace una observación fundada sobre ti, estupendo, aprende de ella. De lo contrario, sigue a lo tuyo.

Un matrimonio emprendió un largo viaje y comenzó caminando al lado de su caballo. Unos aldeanos los vieron y comentaron: «Esa pareja está loca, tienen un caballo, pero no montan en él».

El hombre y la mujer lo oyeron y se dijeron el uno al otro: «Vale. Vamos a cabalgar». Y ambos se sentaron a lomos del animal.

En el siguiente pueblo, algunas personas salieron de sus casas a mirar a los desconocidos y dijeron: «Qué crueles son esas personas: los dos van encima del pobre caballo».

De nuevo el matrimonio oyó los comentarios. El hombre pensó para sí: «Debo mostrar compasión hacia el caballo y hacia mi mujer». Así que la invitó a montar mientras él caminaba, y ella accedió.

Cuando llegaron al siguiente grupo de casas, algunas personas salieron y dijeron: «Fijaos en esa mujer; en su corazón no alberga compasión hacia su marido».

Así que, para proteger de las críticas a su mujer, el hombre dijo: «Bájate, yo iré montado en el caballo».

Por supuesto, en el siguiente lugar los aldeanos dijeron: «¿No sientes compasión por tu mujer, ni un poco siquiera? ¡Tú montado y ella caminando!».

Así que el hombre se bajó y dijo: «Esposa, si vamos a seguir creyendo a esta gente nunca llegaremos a nuestro destino. Vayamos como al principio». Y continuaron el viaje, caminando junto al caballo.

¿A quién le importa?

En India, la mayoría de las familias gestionan los gastos con mucho cuidado —tienen que hacerlo—, pero cuando se trata de la boda de una hija o de un hijo, a menudo echan la casa por la ventana. A veces la gente solicita préstamos que superan sus ingresos anuales. Lo hacen para causar buena impresión. Sucede en todo el mundo, pero los indios lo han convertido en un arte. Y luego tienen que pagar la factura.

He aquí un consejo que puede ahorrarte unos miles: invita a tu boda solo a las personas que ya te aman y respetan. Esto sirve también para cumpleaños, aniversarios y otros grandes acontecimientos sociales. Pero esta es la verdadera cuestión:

si aspiras a conseguir la perfección por fuera —a ojos de otras personas—, probablemente te estés equivocando en la forma de abordar las cosas. Las percepciones que otras personas tengan de nosotros no se pueden controlar. Sus sentimientos cambian y evolucionan. Cuando confiamos en nosotros mismos y nos valoramos, las opiniones de los demás no son más que algo pasajero, a veces injustas, a veces acertadas, a veces incluso agradables, pero nunca de una importancia duradera. Lo que perdura es lo que opino yo de mí y lo que opinas tú de ti.

En muchos casos, a quienes emiten juicios *realmente* no les importamos; lo más probable es que estén pensando en lo que nosotros pensamos de ellos. O quizá se trata de lo que la columnista estadounidense Ann Landers comentó en una ocasión: «A los 20 nos preocupa lo que los demás piensen de nosotros. A los 40 no nos importa lo que piensen de nosotros. A los 60 descubrimos que nunca han pensado en nosotros».

Una vez, cuando hablaba a los reclusos de una prisión de Pune, India, un preso se levantó y me preguntó: «Estoy aquí por error. Quiero decir que yo no debería estar aquí, pero saldré dentro de poco y volveré a casa. ¿Qué va a pensar de mí la gente?».

Enseguida me di cuenta de lo importante que es esa cuestión para muchos reclusos porque todos se volvieron a mirarlo. Su comentario había tocado una fibra sensible. Había centenares de personas en aquella sala, así que fueron momentos tensos. Todos los allí presentes guardaron silencio y se me quedaron mirando, pendientes de lo que iba a decir.

Yo respondí: «¿De verdad quieres saberlo?».

Y él dijo que sí.

«Bueno, pues siento decírtelo», respondí, «pero no piensan en ti. ¡Tienen sus propios problemas! Tú estás pensando en lo que ellos están pensando de ti, pero la mayoría de las personas están ocupadas pensando en otras cosas. ¿Crees que se pasan el día sentados y pensando en ti? Puede que seas importante, pero no *tan* importante. ¡La gente sigue con su vida!».

Parecía que los reclusos encontraban útil esta perspectiva, quizá porque todos sabemos que acabamos ofuscados con las críticas de los demás. Es casi absurdo: en nuestra cabeza, imaginamos lo que se les pasa por la cabeza a ellos, a pesar de que en nuestra cabeza nos damos cuenta de que no es importante, y en su cabeza probablemente ellos están pensando en otra cosa. Vueltas y más vueltas. Puede llevar tiempo y esfuerzo, pero la solución es dedicar nuestra energía a lo que sí *podemos* saber: quiénes *somos* en lo más profundo de nuestro corazón. Todo lo demás es ruido.

El cuenco de Buda

Si alguna vez te has sentido desanimado por otras personas, me gustaría que entendieras estas palabras con claridad: tienes el poder de decidir qué es lo mejor para ti. Estoy aquí para recordarte ese poder, para decirte que está vivo y dentro de ti, para proponerte que intentes conectar a fondo con esa fuerza interior, y para invitarte a defenderte una vez más. Estar desanimado es tener el ánimo oculto: pero es tu ánimo, y la posibilidad de encontrar y sentir ese ánimo dentro está siempre ahí.

Una vez, Buda paseaba con un discípulo y la gente del pueblo le criticaba, diciendo: «No eres bueno. No haces esto, no haces aquello...».

El discípulo dijo: «Buda, ¿no te molesta que toda esta gente te critique?».

Buda esperó hasta que llegaron a su casa, entonces cogió su cuenco y se lo llevó a su discípulo.

Dijo: «¿De quién es este cuenco?».

Y el discípulo respondió: «Tuyo».

Entonces se lo acercó un poco más al discípulo.

«¿De quién es este cuenco?».

«Sigue siendo tuyo».

Él siguió haciendo eso y el discípulo continuó diciendo: «Tuyo, tuyo».

Entonces Buda cogió el cuenco y se lo puso a su discípulo en el regazo, y dijo: «Y ahora, ¿de quién es el cuenco?».

El discípulo respondió: «Sigue siendo tuyo».

«¡Exactamente!», exclamó Buda. «Si tú no aceptas este cuenco, no es tuyo. Si yo no acepto la crítica, no es mía».

Nada de quejas

Si no tenemos cuidado, la negatividad de una persona puede ensombrecer a todos los demás. Probablemente sea esa la razón por la que san Benito, quien en el siglo VI fundó la orden benedictina, estaba tan en contra de las quejas (aparece muchas veces en la Regla de san Benito, las normas benedictinas de la vida en los monasterios). Podemos imaginar lo irritante que sería un quejica si viviéramos en un monasterio con él las veinticuatro horas del día.

Esto me recuerda un chiste. Un joven entra en un monasterio y, en la primera mañana, le explican: «En este lugar tenemos una gran regla: no hablar. Pero una vez al año te preguntaremos qué tal vas y podrás decir dos palabras».

Así pues, pasa el primer año y le preguntan: «¿Qué tal?».

Él responde: «Mucho frío».

Pasa otro año.

«¿Qué tal?».

«Cama dura».

Y pasa el siguiente año.

«¿Qué tal?».

«Demasiado silencio».

Finalmente, el prior va a verlo y le dice: «Llevas aquí tres años y lo único que has hecho ha sido quejarte, quejarte y quejarte».

Todo lo que necesitas está dentro de ti

A veces puede que busquemos aprobación y otras distracciones para llenar un sentimiento de vacío interior. Pero nadie puede llenar ese vacío por ti. Estarían vertiendo agua en un cuenco agrietado. Debemos aceptarnos a nosotros mismos, y eso significa aceptar los maravillosos recursos y fortalezas que llevamos en nuestro interior. En definitiva, no tenemos que preocuparnos de las críticas de otras personas porque todo lo que necesitamos está dentro de nosotros.

Esto es tan importante que quiero repetirlo: ¡todo lo que necesitamos está dentro de nosotros! Claridad, alegría, serenidad, amor..., estos y otros muchos sentimientos positivos están dentro de nosotros, esperando florecer. Como también están todas las cualidades negativas, por supuesto. La claridad está en ti, pero también la confusión. La alegría está en ti, pero también la desesperación. La serenidad está en ti, pero también el caos. El amor está en ti, pero también el odio.

Las cualidades negativas tienden a aparecer, pero tenemos que trabajar un poco para encontrar lo bueno que hay en nosotros. Las cualidades positivas brotan de la paz interior, y eso nos proporciona un fundamento inalterable y sólido como una roca en lo profundo de nuestro ser. Pero hay que saber dónde buscar este tesoro. Lo cual me lleva a la siguiente historia.

Trata de un joven que se marchó de su pueblo y fue a la ciudad a ganar dinero. Le fue bien y, pasados unos años, decidió que ya era hora de volver a ver a su familia. Así pues, emprendió el largo viaje a casa, con las maletas y bolsas llenas de regalos. Casi inmediatamente, un ladrón lo vio y pensó: «Ese tipo tiene dinero. No me importan sus regalitos, quiero su billetero». Se acercó al hombre y entabló conversación. Le preguntó que adónde iba, y dijo: «Vaya, yo voy exactamente en la misma dirección, así que viajemos juntos».

Esa noche se alojaron en una posada. Durante la cena, el hombre le contó que le había ido muy, muy bien en la ciudad y que ahora volvía a su pueblo a hacerse una gran casa y a cuidar de su familia. El ladrón se alegró de oírlo. Se excusó diciendo que quería acostarse temprano, pero lo que hizo fue ir a la habitación del hombre. Buscó en todas las bolsas, pero no encontró el dinero. Buscó en los cajones, pero tampoco halló nada ahí. Revolvió la cama, pero no localizó ni una moneda.

Al día siguiente se alojaron en otra posada.

«Entonces has ganado mucho dinero», dijo el ladrón, «y lo llevas a casa para construir una casa y cuidar de tu familia, ¿no es así?».

«Sí, sí», respondió el hombre, «he ganado mucho más dinero de lo que esperaba, y estoy muy contento de poder llevarlo a casa y hacer algo bonito».

De nuevo el ladrón se escabulló y examinó la habitación del hombre, buscando en todos los rincones que se le ocurrieron. Nada.

Durante la noche siguiente reposaron en otra posada y el hombre volvió a cenar con el ladrón. Al final de la comida, el ladrón dijo: «Ya pronto llegarás a casa e invertirás ese dinero». «Eso es», respondió el hombre, «va a ser estupendo». Y a continuación el ladrón le dio las buenas noches y se dirigió desesperadamente a la habitación del hombre en busca de su dinero. Nada.

A la mañana siguiente, al acercarse al pueblo del hombre, el ladrón no pudo contenerse más, y dijo: «Tengo que confesarte algo. Soy ladrón, y cuando me contaste que tenías todo ese dinero, lo quise para mí. Todas las noches he rebuscado en tus habitaciones, incluso he mirado en tus botas y debajo de la almohada. No he encontrado nada. ¿De verdad ganaste dinero?».

«Claro que sí», respondió el hombre alegremente, sacando dos abultados monederos de los bolsillos. «Me di cuenta de que eras un ladrón inmediatamente. Así que cada noche, cuando me dirigía al comedor, entraba en tu habitación y escondía mi fortuna debajo de tu almohada. Sabía que buscarías debajo de la mía, pero nunca debajo de la tuya».

Para encontrar el inestimable tesoro de la paz interior, mira hacia dentro. No se vende en ningún bazar, ningún terrateniente la controla, ningún gobierno la regula y nadie puede robártela. Eres rico en autoconocimiento y en todos los tesoros que te permitirán descubrir la paz en tu interior.

Nos convertimos en expertos en proyectar nuestros sentidos hacia el mundo exterior —la vista, el tacto, el sabor, el olor, el oído—, pero ¿sabías que también podemos proyectarlos hacia dentro? ¿Qué texturas y formas tiene tu mundo interior? ¿Qué imágenes ves cuando intentas mirar dentro de ti mismo? ¿Cuál es el sabor de tus necesidades y deseos? ¿Qué aroma tienen tus emociones? ¿Cuál es el sonido secreto del yo que habita dentro de ti? ¿Te oyes con claridad?

Cuando era niño, teníamos esos cuadernos en los que se podía pintar siguiendo los números: el uno significaba rojo; el dos, amarillo; el tres, azul, etcétera. Eran divertidos. Luego surgieron otros cuadernos en los que los colores ya estaban en la página; solo había que echar agua y el dibujo empezaba a aparecer. Era un poco simplista. Un día pensé: «¿Por qué seguir todo este proceso?». Así que cogí el cuaderno y lo sumergí en agua, lo dejé secar, lo abrí y todo estaba pintado. Pero no significaba nada: era un desastre. Así que comencé a dibujar y pintar desde cero.

Hay muchas personas en este mundo que viven la vida esperando que les digan dónde pintar. Dicen: «Dame cuadrados en los que pintar o echar agua, pero no me pidas que cree algo por mi cuenta». Pero se nos ha dado la oportunidad de expresarnos a nosotros mismos, de pintar hermosas imágenes con las fortalezas que tenemos en nuestro interior. Cada nueva mañana podemos elegir ser la mejor versión de nosotros mismos. Hagamos caso omiso de los números. Pintemos fuera de las casillas. Pinta lo que hay en tu corazón. Pinta la versión más deslumbrante de quién eres.

Unos y ceros

Hace mucho tiempo daba una charla durante un evento en Santa Cruz (California), y finalizábamos con una sesión de preguntas y respuestas. Recuerdo que la sala estaba llena; había gente fuera, mirando por las ventanas y las puertas. En un momento determinado, una mujer —profesora de yoga— levantó la mano para indicar que tenía una pregunta para mí, y la atención de todos se centró en ella.

«¿Qué piensa del yoga?», preguntó.

Puede que malinterpretara la situación, pero me pareció que esperaba que dijera: «El yoga es algo que *todos* debemos hacer», y así ella tendría más clientes o más prestigio. En retrospectiva, me doy cuenta de que mi respuesta debió de parecerle absurda. Respondí:

«¿El yoga? Sí, es como el cero».

Cero.

Se cabreó mucho. Esa no era la respuesta que buscaba y se fue. Después de que se marchara, expliqué lo que quería decir a los que seguían en la sala.

«Pensadlo de esta manera: vosotros sois uno y el yoga es cero. Poned cero delante de uno, ¿qué se obtiene? Uno sigue siendo uno; cero sigue siendo cero. Poned cero *después* de uno, y obtendréis diez. Añadid otro cero y obtendréis cien».

Me pareció una respuesta brillante, pero fui muy lento a la hora de explicar mi genialidad a la profesora de yoga.

La idea es importante: lo que ponemos delante de nosotros no suma. El trabajo, el dinero, las creencias, las necesidades de otras personas, el yoga: no deberían ir *antes* de nosotros. Sin embargo, cualquier cosa que pongamos *después* de nosotros multiplica lo que somos. Ante todo, debemos establecer el uno, porque sin eso no hay nada. Luego podemos empezar a añadir muchos ceros después de ese uno.

Hay siete mil millones en este mundo; yo soy un uno; tú eres un uno. En la vida, todo tiene que empezar con el uno: *tú*.

¿Qué elegirás?

Cuando entendemos quiénes somos de verdad, obtenemos una herramienta muy poderosa. Esa herramienta moldea nuestra vida y el mundo que nos rodea. Hablo de la elección. El conocimiento propio nos capacita para ver que tenemos que elegir entre la paz y el conflicto, entre el amor y el odio, entre la alegría y la queja. Por cierto, no elegir también es una elección. Si elegimos flotar en el río de la vida no podemos quejarnos si terminamos en un lugar que no nos gusta.

Tenemos que ser conscientes de lo que está sucediendo en nuestra vida. Cuando vamos en un coche o en una bicicleta a casa, ¿cómo sabemos que vamos en la dirección adecuada y no estamos perdidos? Porque todo lo que vemos confirma dónde estamos y adónde nos dirigimos. En la vida, ¿qué pistas encontramos a lo largo del camino? ¿Las vemos con claridad? ¿Soy consciente de dónde estoy hoy y de qué quiero experimentar en este mundo?

¿Es posible ser consciente todo el tiempo? No, porque vivir inconscientemente es algo natural en nosotros: se nos da muy bien. Pero ¿y si elegimos esforzarnos en ser conscientes? Bueno, podría tener un profundo efecto en nosotros y en los demás. Pero siempre tenemos que empezar con nuestro yo. Somos el centro de nuestro universo, pero tenemos que elegir entenderlo y experimentarlo plenamente, *conocerlo*.

Lo que elijamos en la vida será esencial para nosotros y afectará a la vida de aquellos que nos rodean. A muchas personas les parece que no tienen elección, pero siempre la tenemos. *Siempre*. Quizá te encuentres en una situación terrible y sientas que apenas tienes libertad, seguridad u oportunidad —esas situaciones ocurren y son espantosas—; sin embargo, aun entonces, puedes elegir conectar con tu paz interior. Pero solo nosotros estamos en condiciones de hacer esa elección; nadie puede hacerlo por nosotros.

Ir por la vida es como conducir un coche. Conducir consiste en tomar decisiones, hacia dónde giramos, en qué marcha

vamos, a qué velocidad conducimos, dónde paramos o qué escuchamos en la radio. Cuando estamos al volante de nuestra
vida, nosotros mandamos y nuestras decisiones tienen consecuencias. Si elegimos mal, nos perderemos, nos quedaremos
sin gasolina y se nos calará el coche o incluso chocaremos. Si
tomamos buenas decisiones, podemos ir adonde queramos
y disfrutar del viaje.

Abundemos en esta analogía un poco más. Cuando vamos
conduciendo, si miramos por el espejo retrovisor todo el tiempo, no veremos lo que tenemos delante. Si no dejamos de imaginar qué habrá a la vuelta de la siguiente esquina, nos perderemos lo que tenemos justo delante. Es mucho más satisfactorio
estar en el momento: ver la carretera con claridad, reaccionar
tomando buenas decisiones y apreciar cada kilómetro de nuestro viaje. ¿Somos quienes conducimos nuestra vida?

Vamos a empezar

Empezamos por nosotros mismos cuando elegimos aceptar el
regalo de la vida que se nos da en cada momento y entendemos que ese regalo es para *nosotros,* para que hagamos con él

lo que queramos. Empezamos por nosotros cuando elegimos escuchar a nuestro corazón, por encima del ruido de las opiniones, las necesidades y los deseos de otras personas. Empezamos por nosotros mismos cuando reconocemos que tenemos un mundo de paz y fortaleza en nuestro interior; que el tesoro (que nadie puede robarnos) de nuestro yo está ahí para cuando elijamos volvernos hacia dentro. Empezamos por nosotros cuando sentimos la sed de conocer quiénes somos.

He aquí unas líneas que tratan sobre escuchar al corazón y el asombro del primer encuentro con el yo interior:

En la oscuridad, dijiste que aprendiera a mirar.
Al principio estaba confuso,
pero ahora veo.

Sin una taza, dijiste que aprendiera a saborear.
Al principio estaba sediento,
pero ya he bebido.

Sin moverme, dijiste que aprendiera a tocar.
Al principio estaba entumecido,
pero ahora siento.

En silencio, dijiste que aprendiera a escuchar.
Al principio estaba sordo,
pero ahora oigo.

Hemos abarcado mucho en este capítulo, así que te recuerdo, lector, tres sencillas maneras de conectar con nosotros mismos:

— Seamos conscientes de que todo lo que necesitamos está en nuestro interior; percibamos la increíble cantidad de recursos que tenemos dentro.

— Tenemos un enorme potencial, pero debemos expresarlo en cómo vivimos; no hay nadie como tú, así que sé la mejor versión de quien puedes ser.

— Recordemos que siempre tenemos elección; sea cual sea la situación en que nos encontremos, tenemos más de una opción.

P. D.: ¿Quién es el idiota?

No me resisto a añadir esta historia al final del capítulo. Es mi versión de un cuento clásico de Akbar y Birbal. Este va de cómo perdemos el tiempo juzgando a otras personas cuando no nos miramos con claridad a nosotros mismos.

Bueno, pues, había un emperador en India, Akbar, y mandó llamar a su ministro favorito, Birbal, porque necesitaba ayuda: «Birbal, ve a buscarme cinco idiotas».

«Sí, majestad», contestó Birbal, y salió de la habitación. Mientras salía, iba pensando: «He dicho que sí a su petición, pero ¿cómo voy a encontrar a cinco idiotas? ¿Por qué he accedido a hacerlo? ¡No va a ser nada fácil!».

Birbal era el hombre más inteligente de la corte, pero le preocupaba no encontrar esta vez la solución a este problema. Así que dejó a un lado las demás obligaciones y fue a la calle en busca de idiotas. Se preguntaba cómo abordar la tarea cuando vio a un hombre tendido en el suelo, moviendo las piernas frenéticamente mientras separaba mucho las manos.

«¿Qué está haciendo?», preguntó Birbal.

«Bueno, mi mujer está reformando la casa y ha medido la ventana para ver cuánta tela de cortinas necesita, y me ha pedido que vaya al mercado y compre exactamente esta cantidad», dijo, señalando con la cabeza la distancia que había entre sus manos. «Pero me he caído y llevo tiempo en el suelo pugnando por levantarme sin ayudarme con las manos».

«Bueno, creo que he encontrado al primer idiota», pensó Birbal.

Al cabo de aproximadamente una hora, vio a un hombre montado en un burro con un enorme cesto en la cabeza.

«¿Qué está haciendo?», preguntó Birbal.

«Ah, quiero mucho a mi burro: no quiero ponerle encima esta pesada carga, así que la llevo yo en la cabeza».

Birbal estaba encantado. Había encontrado otro idiota.

Empezó a oscurecer, así que Birbal se colocó junto a una farola, y allí vio a un hombre a cuatro patas, buscando algo en el suelo.

«¿Qué está haciendo?», preguntó Birbal.

«Esta tarde estuve con mis amigos en la jungla, a un kilómetro y medio de aquí», explicó el hombre. «Estábamos merendando y yo llevaba un anillo, pero se me cayó».

«Bueno, ¿y no debería buscarlo en la jungla?», dijo Birbal.

«¿Está loco?», dijo el hombre, «no hay luz en la jungla a estas horas, es de noche».

Birbal se frotó las manos, todo contento.

Al día siguiente Birbal llevó a los tres hombres ante el emperador.

«Señor, he encontrado a los idiotas», dijo, y luego explicó lo que estaban haciendo cuando se topó con ellos.

«Pero, Birbal, yo pedí cinco idiotas», dijo el emperador.

«Señor, el cuarto idiota soy yo por desperdiciar el día de ayer buscando idiotas», respondió Birbal.

«¿Y quién es el quinto idiota?», preguntó el emperador.

Birbal se limitó a sonreír.

06

Gratitud

Cuando pregunto a la gente que de qué se siente agradecida en la vida, a menudo dice algo así como: «De mi familia, mis amigos, mi casa, mi trabajo». Todo eso es perfectamente comprensible —todas esas cosas son, por supuesto, auténticas bendiciones—, pero a veces tengo la impresión de que solo mencionan aquello por lo que *creen* que deberían sentirse agradecidos. Sigo esperando que además reconozcan el regalo más importante que todos recibimos: ¡la vida misma! Sin eso todo lo demás es imposible, pero simplemente se nos olvida.

Desenvolver el regalo

Con frecuencia oigo decir a la gente: «¡Tenemos que vivir el presente!». Pero ¿cuántos sentimos la verdad de esa afirmación en nuestros corazones? ¿Cuántas veces al día pensamos: «¡Estoy vivo, gracias!»? ¿Es lo primero que se nos ocurre por la mañana o, en lugar de ello, nuestra mente pasa directamente a cosas como: «¿Qué hora es? ¿Qué tengo que hacer hoy? ¿Dónde está la pasta de dientes? ¡Necesito un café!?». El ruido. El ruido. El ruido. Cuando estamos sintonizados con el ruido, dejamos de oír cualquier otra cosa. Y dejamos de oírnos a nosotros mismos.

El regalo de la vida merece ser desenvuelto y valorado. (Y por cierto, el regalo viene con «fecha de caducidad», así que empecemos a quitar el envoltorio). El corazón se nos llena de agradecimiento cuando vemos, con absoluta claridad, la oportunidad que se nos da en cada momento. Y es de esa gratitud de la que quiero hablar aquí: del reconocimiento interior de que cada respiración nos trae la bendición de la vida. Y esa claridad viene acompañada de un increíble sentimiento de gratitud.

Cuando mi sentimiento de gratitud interior se expresa, dice: «Estoy vivo y verdaderamente *sé* que estoy vivo». Enton-

174

ces siento la fuerza vital latiendo en mí. Ahora mismo, la increíble energía que sostiene el universo entero me sostiene a mí. Mis células sanguíneas transportan el oxígeno de mi respiración allá donde se necesita. Tengo todos esos electrones, protones y neutrones dentro de mí y a mi alrededor. Y cada nueva respiración impulsa mi existencia aquí, en este asombroso planeta, con todas las posibilidades que ello conlleva. El ser humano es una brillante y elaborada colección de partes y procesos complejos, una absoluta maravilla viviente, así que ¿qué mejor regalo podemos darnos a *nosotros* mismos que apreciar nuestros diseños y vivir plenamente cada momento?

En su forma más pura y potente, mi gratitud por esta vida es por el regalo mismo: no por lo que me permite hacer, sino por la experiencia de existir en este mundo en este mismo instante. Esta canción de gratitud suena para mí cuando emprendo el viaje desde fuera hacia dentro.

Hay miles de millones de personas en la faz de la tierra, y cada persona es única en cómo vive lo que le ha sido dado. Cada uno de nosotros puede cantar una canción diferente acerca de cómo nos sentimos estando vivos, cómo nos sentimos cuando estamos contentos, cómo nos sentimos cuando estamos alegres. Algunos no conocen el don que les ha sido concedido, otros lo celebran a menudo. Seas quien seas, siempre hay esa oportunidad de sentir gratitud por el activo más grande que poseerás jamás.

Un sentimiento, no un pensamiento

La gratitud no es algo en lo que pensamos para que sea; es algo que sentimos. Podemos sentirnos satisfechos, pero no pensamos para estar satisfechos. Podemos sentirnos agradecidos, pero no pensamos para inducir el agradecimiento. No se trata de pensarnos afortunados, sino de dar las gracias por la vida a través de cómo nos sentimos.

La gratitud tampoco tiene que ver con los buenos modales; soy yo *eligiendo* valorar mi existencia de la forma en que *me* siento. A veces nos dejamos engatusar para que digamos «gracias» por lo que se nos da (a los niños les pasa continuamente), pero la gratitud por la vida sale de dentro.

¿Cuándo es el momento adecuado para sentir agradecimiento por nuestra vida? Ahora. No hay necesidad de ceremonias, alineamientos de planetas o crisis personales. Simplemente llevamos nuestra atención hacia dentro y apreciamos lo que se nos da. En un momento perfecto de gratitud todas las distracciones desaparecen. Es como si nuestro viaje hubiera finalmente alcanzado su destino; con todo, se inicia también un nuevo viaje. La gratitud es el perfecto punto de encuentro de pasado y presente: es la celebración del ahora.

Estamos completos

La gratitud viene por lo que *es,* no por lo que podría ser. Eso no significa que debamos abandonar nuestras necesidades y aspiraciones; nuestros deseos, esperanzas y sueños. Pero no tenemos que esperar a que llegue el éxito externo para dar las gracias por lo que ya poseemos. Nuestra imaginación y entusiasmo puede conseguir grandes cosas en el mundo exterior —para nosotros y para otros—, pero no necesitamos logros para completarnos; estamos completos.

Siempre podemos elegir aceptar las cosas *como son,* experimentarlas *como son,* apreciarlas *como son.* Cuando verdaderamente apreciamos lo que es, nuestra gratitud es infinita. El contento no puede medirse. La alegría no puede medirse. El amor no puede medirse. La comprensión no puede medir-

177

se. La felicidad no puede medirse. La paz interior no puede medirse. No podemos aplicar una cinta métrica a sus dimensiones como hacen los sastres, o notificar los números de su figura. No podemos ponerlos sobre balanzas. Son infinitos e informes, pero totalmente reales para nosotros.

Cuando valoramos cada respiración, eso es realidad. Cuando conectamos plenamente con la paz que tenemos en el interior, eso es realidad. Todo esto solo puede ocurrir en el aquí y ahora. ¿Cuál es el buen karma para el «ahora»? El buen karma para el ahora es la consciencia. El buen karma para el ahora es la alegría. El buen karma para el ahora es la gratitud.

Más allá del sufrimiento, más allá del éxito

Con mucha frecuencia me preguntan cosas como esta: «¿Y qué pasa con las cosas malas que me ocurren en la vida? ¿Tengo que dar las gracias por *ellas?*». O como alguien me preguntó una vez, bastante enfadado: «¿Deberíamos estar agradecidos por el sufrimiento? ¿Deberíamos estar agradecidos por el dolor?». No, pero en esos sentimientos hay también una señal que apunta hacia algo bueno: la vida misma. Sin la vida, no puedes sentir ni lo malo ni lo bueno. Sin la vida, no puedes enfadarte; no puedes sentir dolor. Sin la vida, no tienes la oportunidad de ver cómo los malos tiempos se vuelven buenos. Te contaré una historia sobre ello.

Un rey, su ministro y su caballero se dirigían hacia otro reino en misión secreta cuando el rey se cortó el pulgar cortando una manzana. Empezó a sangrar profusamente pero el rey se puso una venda en la herida y siguieron adelante. El rey estaba disgustado porque se había herido y se preguntaba una y otra vez: «¿Por qué ha sucedido esto?». Unos kilómetros más adelante se volvió hacia su ministro y dijo: «¿Por qué me he cortado?».

«Señor, todo lo que ocurre, ocurre para bien», respondió el ministro.

Al rey eso le pareció muy irritante, sobre todo porque el dedo le palpitaba. Pensó: «Vamos a darle una lección». Así que llamó a su caballero y le dijo que buscara una zanja profunda y que arrojara al ministro en ella, de manera que no pudiera salir.

El caballero hizo lo que se le ordenó, aunque el ministro se resistió todo lo que pudo, e incluso le mordió la oreja al caballero hasta que sangró. El ministro les gritó: «¿Por qué me hacéis esto?».

«Bueno», respondió el rey, «todo lo que ocurre, ocurre para bien».

El rey y el caballero dejaron al ministro en la zanja y siguieron caminando hasta entrar en un bosque. Anduvieron durante horas y luego se encontraron con un extraño pueblo. Antes de que pudieran darse cuenta, se vieron rodeados por gente del lugar, que estaba furiosa con los intrusos. La pena por entrar en su aldea sin ser invitados era de muerte por sacrificio. Los aldeanos se fijaron en el rey y decidieron que él sería el primero en morir, así que le ataron e hicieron una hoguera.

El rey gritó: «¡Esto es terrible! ¿Por qué lo hacéis? ¡Salvadme! ¡Deteneos!».

El hombre que dirigía la ceremonia estaba realizando los últimos preparativos cuando de repente se volvió hacia el jefe de la aldea y dijo: «¡No podemos sacrificar a este hombre!».

«¿Por qué no?», preguntó el jefe.

«Aquellos a quienes sacrificamos deben ser perfectos, pero ¡fíjate en este!». Y a continuación alzó el dedo vendado del rey.

Los aldeanos emitieron un gruñido, pero enseguida dirigieron la atención al caballero y le ataron. La persona que dirigía la ceremonia empezó a hacer los últimos preparativos, pero esta vez vio que al caballero le sangraba una oreja.

«¡Tampoco podemos sacrificar a este!», gritó, y se dispuso a desatarlo.

El jefe y los aldeanos estaban furiosos. Todos se pusieron a gritar y discutir. En medio del caos, el rey y el caballero pudieron escabullirse y escapar. De vuelta en el bosque caminaron y caminaron, hasta llegar a la zanja en la que estaba el ministro.

«¡Sacadle!», gritó el rey. «Siento haberte arrojado ahí; ese corte me salvó la vida». Y el rey le contó la historia de los aldeanos salvajes y cómo escaparon de la muerte.

«Y yo me alegro mucho de que me arrojarais a la zanja», dijo el ministro, «porque yo no tengo ningún corte, y me habrían sacrificado en vuestro lugar».

Bueno, es solo un cuento para que recordemos la luz de esperanza que acompaña a los nubarrones de la vida. ¿Qué nos dice una luz de esperanza? Nos dice que, justo detrás de esa oscura nube, nos aguarda un potente sol para calentarnos e iluminarnos el camino.

No se trata de restar importancia al impacto de las terribles cosas que pueden sucedernos, por cierto. Solo estoy señalando que siempre hay algo más que el dolor que experimentamos. Y, si vamos al caso, lo mismo puede decirse del placer. Todo cambia. Puede que suframos, pero el sufrimiento no nos define. Puede que tengamos muchos éxitos, pero el éxito no nos define. El éxito y el sufrimiento pasan por nuestras vidas, pero la paz es una constante.

El dolor físico, el dolor mental y el dolor emocional nos invaden la mente, pero siempre hay algo hermoso sucediendo en nuestro corazón. Puede ser difícil sentir la paz interior cuando estás atravesando un tiempo difícil, pero mira en tu interior y hay algo que puede vislumbrarse más allá del sufrimiento: un amable recordatorio de que la alegría te espera al otro lado del dolor.

Ahí van unas palabras de Sócrates sobre este tema:

Si no obtienes lo que quieres, sufres; si obtienes lo que no quieres, sufres; incluso cuando obtienes lo que quieres, sufres porque no podrás tenerlo para siempre. La dificultad está en la mente. Quiere estar libre de cambios, libre de dolor, libre de las obligaciones de la vida y la muerte. Pero el cambio es ley, y por mucho que finjamos, eso no alterará la realidad... La vida no es sufrimiento; pero la sufrirás, en lugar de disfrutarla, hasta que te liberes de las ataduras de la mente y te dejes llevar por la corriente de la vida abierta y libremente, pase lo que pase.

La nube más oscura

Como cualquiera, tengo días buenos y días malos. Pero incluso después de un día terrible, quiero ser capaz de volverme hacia dentro y decir: «Doy gracias por estar vivo». Y cuando estoy teniendo un día maravilloso —cuando todo va a mi gusto—, quiero ser capaz de mirar hacia mi interior y decir: «Doy gracias por estar vivo». Ni los problemas ni la felicidad deberían hacernos olvidar lo que es más importante. Ni los problemas ni la felicidad tienen que distraernos de la paz que hemos de hallar en nuestro corazón.

La nube más oscura que ha sobrevolado mi vida apareció cuando yo estaba en Argentina, preparándome para hablar en un evento. Recibí una llamada telefónica diciéndome que a mi esposa, Marolyn, la habían tenido que llevar urgentemente al hospital. Estaba en un hotel de San Diego con nuestro hijo pequeño, y los dos pidieron pizza al servicio de habitaciones. Ella se había inclinado para abrir el carrito con la comida cuando, de repente, se desmayó y cayó al suelo. Al día siguiente, en el hospital, tomaron una muestra de líquido cerebroespinal y había sangre, y el análisis apuntaba a que algo le pasaba en la cabeza. Le diagnosticaron un aneurisma cerebral, un problema grave con un vaso sanguíneo. Me dijeron que había un riesgo importante de que muriera.

Colgué el teléfono y miré a mi alrededor. Me encontraba a miles de kilómetros de distancia, en una zona horaria completamente distinta. Esa tarde debía dirigirme a una enorme multitud de personas, muchas de las cuales llevaban años esperando a que acudiera a su ciudad. Pugnaba por contener toda aquella información y las emociones que me asaltaban.

En aquel momento, decidí sentarme y conectar quedamente con mi yo interior. Al hacerlo, sentí el verdadero peso de los terribles acontecimientos que se desarrollaban a miles de kilómetros, pero también sentí paz en mi interior. Me invadió una enorme sensación de calma y claridad. Dispuse que nuestro avión estuviera preparado, y mientras tanto yo me preparé para hablar ante un gran público.

Ese día, buscar un equilibrio entre lo bueno y lo malo me permitió mantenerme en mi camino. Fui al evento y hablé, luego me marché al aeropuerto inmediatamente. Volé durante toda la noche y todo el vuelo fue un tanto surrealista. Los pensamientos se me agolpaban en la cabeza, dando vueltas a las posibles consecuencias de la situación de Marolyn, pero había otra parte de mí con la claridad necesaria para saber lo que tenía que hacer.

Aterrizamos, pasamos la aduana y fui directamente al hospital. Marolyn estaba despierta, pero los médicos dijeron que había que operarla. Iba a ser una intervención complicada. Quería estar cerca del hospital, así que me alojé en un hotel. Permanecí allí poco más de un mes, yendo del hotel al hospital y del hospital al hotel. Todos los días, nuestra familia y nuestros amigos se aferraban a la esperanza. Siempre había noticias que afrontar, pero también sentía la fortaleza y la simplicidad que viene del conocimiento de uno mismo. Y eso significaba que podía ayudar a Marolyn y a la familia.

Durante aquel tiempo, toda la familia estuvo sumida en el dolor, pero aun así había gratitud por la vida en sí misma. No nos sentíamos agradecidos por el problema, pero la gratitud aún estaba en nosotros, como una luz en la oscuridad; una luz que nos permitía tener una visión completa de lo que estaba sucediendo. Después de aquellos días, ella empezó a curarse. Lenta, lenta, lentamente. Y entonces volvió a casa y todos cuidamos de ella. Por supuesto, nadie diría ahora que pasó por tan horrible experiencia. Nuestra capacidad de curación —física, mental y emocionalmente— es sencillamente extraordinaria.

(En el siguiente capítulo abordaré con más detalle cómo responder en los momentos más difíciles de la vida).

El río de la paz

Imagino la paz interior como un río que fluye por nosotros. A veces puede que nos sintamos en terreno seco, sin que nada crezca en la tierra. Sin textura, sin color, sin refugio. Entonces un hilillo de paz brota de la tierra endurecida, brilla con la luz y se extiende por el suelo agrietado, buscando los antiguos lechos del río.

A medida que el agua borbotea y discurre por el valle suceden cosas. Crecen briznas de hierba en las márgenes del río. Las semillas que había en la tierra cuarteada germinan y florecen. Llegan insectos a comer la hierba y las hojas. Animalillos más grandes quieren comerse a los pequeños, y atraen a pájaros que buscan comida, los pájaros traen toda suerte de semillas y esas semillas caen ahora en terreno fértil.

Ahora aparecen los árboles, y las ramas están llenas de fruta madura, y se ven todos los colores y formas de hojas imaginables dibujando un hermoso cuadro de un lado a otro del horizonte, y el parloteo de los insectos y los cantos de los pájaros llenan el aire de música. En lo alto del bosque flotan dulces aromas como una invitación a que todas las formas de vida se unan a la fiesta de la alegre creación.

La evolución de cada planta y cada criatura tiene elementos únicos, pero todos ellos necesitan agua para que prosperen. La paz es el agua que permite que florezca la vida. Doy gracias por la paz que fluye por mi vida, por la existencia con la que he sido bendecido, por los muchos colores y las muestras de vida que se abren para mí cada vez que conecto con mi yo interior.

¿Qué es suficiente?

Me gusta la buena comida, los lugares asombrosos, las tecnologías innovadoras y todo lo demás tanto como a cualquier otra persona. Si eres lo bastante afortunado como para disfrutar de una relativa prosperidad, este mundo ofrece *cosas* increíbles. El problema viene cuando nos dedicamos a coleccionar y poseer cachivaches sin *apreciarlos.*

Una vez estuve en una cadena de televisión debatiendo sobre problemas globales y alguien habló de la codicia y de cómo la veía por todas partes. De camino a casa en el coche pensé en antídotos contra la codicia. Entonces, mientras estábamos parados en un semáforo, un coche, del que salía una música atronadora, se puso a nuestro lado. Realmente el conductor la llevaba muy alta. Pum. Pum. Pum. Pum. Mi primer pensamiento fue: «Eso es muy molesto. No deberían hacerlo». Pero entonces pensé: «En realidad, quizá lo hacen porque esa canción les gusta mucho y ¡quieren que todo el mundo la oiga!». Tal vez aquella persona simplemente estaba apreciando la canción. Entonces se me ocurrió que el antídoto contra la codicia era la apreciación. Pues cuando de verdad apreciamos algo, queremos compartirlo. Lo contrario es cuando codiciamos algo y nos lo guardamos para nosotros.

Así pues, la codicia es el sentimiento de que no podemos ser felices hasta que tengamos más, pero cuando apreciamos, nos acercamos al sentido de la satisfacción. En cuanto conectamos plenamente con ese sentimiento de gratitud se termina la codicia.

Tenemos que ser sinceros con nosotros mismos y reconocer a qué damos prioridad cada día. ¿Es la apreciación de la vida misma lo que encabeza nuestra lista de lo que es más importante?, ¿o la empujan hacia abajo otras prioridades hasta que dejamos de verla? Relaciones, casa, carrera, vacaciones, eventos, hobbies, tecnología y todo lo demás, ¿realmente merecen estar más en los primeros puestos de la lista que experimentar el don de la vida misma? Mi impresión es que tenemos que priorizar la experiencia de nuestra bendición, no dejar que termine escondida debajo de todo lo demás. ¿Cómo sería nuestra vida si lleváramos el aprecio por esta bendición hasta lo más alto... todos y cada uno de los días? ¿Cómo podría cambiar la manera en que hacemos las cosas? ¿Cómo crees que cambiaría tu vida?

Veo gente que se dirige hacia el final de su tiempo en el mundo, y lo sabe, pero su mente sigue poniendo todo lo demás al principio de esa lista de prioridades. ¿Dónde está el sincero y profundo disfrute de esos valiosos días que realzan nuestra vida? ¿De verdad tenemos mayores prioridades que esa? Cuando más busca la mente satisfacción en el mundo exterior, más nos alejamos del sentido de verdadera satisfacción interior. He aquí las sabias palabras del poeta Kabir:

El pez en el agua tiene sed y cada vez que lo veo me hace reír.

Cuando somos codiciosos, somos como ese pez que tiene sed en el agua. Agua por todas partes, y ni una gota para beber.

Tenemos todo lo que necesitamos, pero no lo apreciamos. La gratitud por lo que tenemos nos quita la sed.

¿Sientes que tienes éxito?

En definitiva, todo en el mundo exterior es temporal y puede abandonarnos en cualquier momento, así de sencillo. Es lo que *sientes* que eres, en este mismo instante, lo que de verdad cuenta. ¿Sientes que tienes éxito? Solo tú puedes decidirlo. ¿Sientes que tienes éxito? Solo tú puedes crear el éxito que quieres. ¿Sientes que tienes éxito? ¿Qué te dice tu respuesta acerca de la conexión que mantienes con tu yo consciente?

¿Sabes cuántos miles de millones de personas trabajarán muy duramente en la vida para oír decir a alguien: «Tienes éxito»? ¿Sabes cuántos miles de millones de personas soñarán con la línea arbitraria que otro ha trazado en la que afirma: «Esto es el éxito»?

¿La vida es esto o hay algo más? Pues hay un mundo interior y en ese mundo no tienes que esforzarte por lo que otros te dicen que es el éxito, simplemente puedes encontrarlo en tu interior. No tienes que esforzarte por ser famoso, sencillamente puedes sentirte querido por lo que eres. No tienes que esforzarte por conseguir el respeto de otras personas, tú puedes apreciar quién eres. No tienes que pesar y medir tus posesiones; en cambio, puedes seguir desenvolviendo el regalo de la vida.

Apetencias y necesidades

Una de las razones de nuestra confusión con respecto a la satisfacción es que no siempre conocemos la diferencia entre nuestras necesidades y nuestras apetencias.

¿Necesidades?

Aire: tres minutos sin él y eres hombre muerto.

Calor: puede que tres horas sin él y eres hombre muerto.

Agua, comida, sueño: los necesitamos también.

Patatas fritas: son una apetencia.

Ir a ver la última película de moda: eso es una apetencia.

Comprar un reluciente coche nuevo: eso es una apetencia.

No hay nada de malo en las apetencias. Añaden placer a la vida y hacen que el dinero siga circulando y que la gente tenga trabajo. Lo que te gusta hoy puede que no te guste mañana.

Esa es la naturaleza del deseo. Si el deseo no cambia es inútil. Cambia constantemente. Te compras un televisor y para cuando lo llevas a casa, lo enchufas y lo enciendes, ya están publicitando un nuevo modelo. Y entonces deseas ese. Vas a un restaurante con un amigo; miras el menú y, después de pensarlo detenidamente, pides lo que más te apetece comer. Y cuando llegan los platos miras el de tu amigo y ¡deseas ese! Así es el deseo: nunca está satisfecho.

Terminamos otorgando demasiada atención a nuestras apetencias y olvidamos nuestras necesidades. No es de extrañar: hay una multimillonaria y muy ruidosa industria de la *apetencia* y constantemente está publicitando todas esas cosas que puedes querer a continuación.

Todos conocemos la frase «donde hay confianza da asco». Sugiere que podemos ser displicentes con las personas con las que pasamos mucho tiempo. Con frecuencia ocurre lo mismo con las cosas esenciales de la vida. ¿Cuántos de nosotros nos hemos despertado esta mañana y hemos dado gracias por tener aire, agua, comida y calor? ¿Y por haber dormido?

En mi opinión, está bien querer *más* de cualquier cosa, pero tenemos que asegurarnos de que no es a expensas de hacer de *menos* a otra cosa. ¿Tiene un coste querer esta cosa o simplemente añade algo placentero? Si añade algo bueno, y no sustrae nada, ¡estupendo!

Siempre me impresiona ver a alguien con la determinación y la atención necesarias para mejorar la vida material de ella misma y de su familia, sobre todo si vive en un lugar con duras condiciones económicas. Pero, estemos donde estemos, conviene mantener un equilibrio. Creo que el truco está en intentar mejorar nuestra suerte sin perder contacto con la pura maravilla de la existencia. La riqueza del mundo a veces puede satisfacer nuestras apetencias, pero es la riqueza de nuestro corazón la que satisface nuestras necesidades.

Puede que el lector haya adivinado adónde quiero ir a parar... A ver, ¿la paz interior es una apetencia o una necesidad? En una ocasión planteé esta pregunta al público, y se quedó perplejo; tuvo que pararse a pensar. Que el sentirse conectado con la paz interior sea una apetencia o una necesidad es una decisión de cada uno. Pero yo sé lo que la paz interior es para mí: una profunda necesidad. No es algo que encienda y apague como si fuera el aire acondicionado. Es como el aire mismo, en realidad. Nadie piensa: «No necesito respirar entre las nueve de la tarde y las seis de la mañana».

La paz necesita brillar en nosotros todo el tiempo, no solo cuando nos sentamos y nos concentramos en ella. Sin paz, todo lo que intentemos hacer para contentarnos no funcionará; con paz, tenemos lo que es vital para nuestro bienestar. Se trata de prosperar, no solo de sobrevivir.

A algunas personas les cuesta entender este concepto de paz como una necesidad. Mi sensación es que si, en nuestra vida, la paz interior es solo un pensamiento racional —algo que no te importa apagar y encender según las circunstancias—, probablemente nos quedaremos estancados en creer, no en conocer. Pero solo necesitamos un momento para reconocer el tesoro que llevamos dentro. Ese sentimiento de gratitud está a solo un latido.

¿Quién está contento?

Cuando no estamos en contacto con la paz interior, la mente puede llevarnos a largos viajes de distracción. Podemos estar tan inquietos que nos parezca que nada va bien en la vida. Proyectamos fantasías sobre la vida de otras personas y dejamos de ver las bendiciones en la nuestra.

Cuando esto sucede, nos ahogamos en un mar de expectativas, y cada expectativa trae más decepción, y cada decepción conduce a más expectativas, y así. En palabras de Kabir: «La vaca ya no da leche, pero tú esperas mantequilla». Es inútil tener expectativas con respecto a algo que no puede satisfacerlas.

Benjamin Franklin —ese auténtico genio estadounidense— escribió una vez: «¿Quién es sabio? Quien aprende de todo el mundo. ¿Quién es poderoso? Quien gobierna sus pasiones. ¿Quién es rico? Quien está contento. ¿Quién es ese? Nadie».

Ese «Nadie» me hace sonreír. Es un sardónico comentario sobre la condición humana. Pero en esto discrepo de Franklin: cuando hacemos de nuestro yo interior el centro de nuestra vida, *podemos* experimentar el verdadero éxito; podemos sentirnos realizados; podemos experimentar una honda satisfacción. Todo el mundo. Y empieza con la gratitud por lo que tenemos.

Eso me recuerda una historia que oí una vez, así que voy a terminar este capítulo con este cuento acerca de un picapedrero que buscaba la plenitud.

Érase una vez un hombre picapedrero de oficio. Todos los días iba a la montaña, cortaba unas piedras y las llevaba a casa.

En su taller creaba pequeños ídolos, cuencos y cosas por el estilo, y así se ganaba la vida.

Era infeliz porque subir a la montaña, cortar la roca y llevar las piedras a casa era una ardua tarea. Cuando trabajaba, había polvo por todas partes y dependía de que los ricos compraran su mercancía. Le parecía que no tenía ningún poder, así que se sentía insatisfecho.

Un día pasaba por delante de la casa de un hombre rico. En ella se celebraba una fiesta y la gente comía y bebía. Pensó para sí: «Quiero una vida buena y fácil, no cortar piedras todo el día». Levantó la vista al cielo y dijo: «Dios, por favor, concédemela».

Ese día Dios estaba escuchando. (Como es de imaginar, Él o Ella no siempre escucha, pero ese día el picapedrero estaba de suerte). ¡Boom! Así, sin más, se vio transformado en un hombre rico con una gran casa y todas esas cosas que acompañan a ese estilo de vida.

«¡Ya está!», pensó para sí. «La gente inclina la cabeza ante mí, me respeta, espera mis órdenes». Era muy feliz.

Un día casualmente vio pasar al rey. Las personas acaudaladas estaban junto a la carretera haciéndole honores y todo el mundo temblaba al oír su nombre. Nuestro hombre pensó:

«¡Vaya, eso es poder!». Había sido feliz hasta ese momento, pero quería más, así que dijo: «Dios, quiero ser el rey». También ese día Dios estaba escuchando. Así que el hombre que había sido primero picapedrero y luego rico se convirtió en rey.

Una mañana de verano el hombre, ahora rey, salió a la terraza. El sol brillaba y todos, hasta donde le alcanzaba la vista, procuraban esconderse de sus poderosos rayos. «¡Vaya!», pensó, «el sol es más poderoso que yo. Todo el mundo tiene cuidado del sol». Y también ese día Dios estaba escuchando cuando dijo: «Dios, quiero ser el sol».

Al instante, ahí estaba él, resplandeciente en el cielo. «Esto está mejor», pensó. «Todo el mundo está por debajo de mí, nadie por encima. Controlo la vida de todos. Sin mí no pueden ver. Todos se levantan después de que yo haya salido. Y todos se acuestan cuando yo me voy a dormir. La vida es buena».

Todos los días el hombre que ahora era el sol brillaba, sintiendo ese poder, hasta que un día una nube colosal se plantó encima de su reino. Intentaba brillar a través de la nube, pero no podía. «Umm, ¿podría ser que esta nube fuera más poderosa que yo? Dios, quiero ser la nube».

Dicho y hecho, ya era una enorme nube en el cielo. Pensó: «Ahora sí que tengo poder: puedo tapar el sol». Pero un día, para asombro suyo, empezó a moverse. «¿Qué hace que me mueva?», se preguntó. Y se dio cuenta de que era el viento. «¿El viento es más poderoso que yo? Eso no puede ser», pensó. «Dios, quiero ser el viento».

Ahora era el viento, y soplaba y soplaba, y disfrutaba de su poder. Entonces, un día, soplaba y soplaba, pero no podía mover nada. «¿Qué hay más poderoso que el viento?», se preguntó. Era la montaña más grande que había visto nunca e impedía que el viento moviera nada.

«Dios, haz que sea una montaña», pidió. ¡Boom! Y se convirtió en una montaña. «Ahora sí que soy la cosa más poderosa», pensó. «Más poderoso que el viento que puede mover la nube, que la nube que puede tapar el sol, que el sol que es más poderoso que el rey, que el rey que es más poderoso que un hombre rico, que es más poderoso que un picapedrero. Pero el viento no puede mover montañas, y ahora soy la montaña más grande. ¡Ya está!».

Fue feliz durante un tiempo; entonces, un día oyó un golpeteo. Era como si alguien le estuviera cortando una parte. «¿Quién puede ser tan poderoso que es capaz de cortar una montaña?», pensó. «Debe de ser la persona más poderosa del mundo». Bajó la vista y vio que era un picapedrero.

07

Malos momentos

Un enfermo fue a ver al médico y le dijo: «Doctor, me duele todo».

El médico replicó: «¿Qué quiere decir con que le duele todo?».

«Cuando me toco aquí, duele; cuando me toco aquí, duele. Me duele todo el cuerpo».

«Ya sé lo que le ocurre», respondió el médico. «Tiene un dedo roto».

Cuando experimentamos el dolor de la vida, *todo* puede parecernos fuente de sufrimiento. Los malos momentos arrojan una mala luz sobre el mundo que nos rodea. Una preciosa puesta de sol, una fiesta con viejos amigos, una cena en nuestro restaurante favorito, lo que normalmente sería una fuente de deleite puede convertirse en un recordatorio de todo lo que nos parece que va mal en nuestra vida. Todo duele.

Conozco ese dolor. Sé que no hay respuestas fáciles cuando la vida se pone difícil. A veces parece que vamos hacia delante. A veces parece que vamos hacia atrás. Algunos días son fáciles y otros son duros. Algunos días son *muy* duros. Pero como reza el antiguo dicho: «El dolor es inevitable, el sufrimiento es opcional».

A mi parecer, se debe distinguir entre momentos difíciles y momentos malos. La vida puede arrojarnos toda suerte de momentos difíciles. Los problemas que traen no siempre son fáciles de resolver, pero en el fondo sentimos que algo haremos al respecto, *podemos* cambiar nuestra situación. Sin embargo, en los malos momentos sentimos que no hay esperanza o que es muy poco o nada lo que podemos hacer. Estas ocasiones nos merman las fuerzas y nos hacen sentir que emociones como el temor, la frustración, el pesar y la aflicción dominan nuestra vida.

A veces realmente no hay nada que podamos hacer para cambiar nuestra situación. Algunos aspectos de la vida escapan a nuestro control y debemos ser realistas. Pero siempre tenemos elección en lo que se refiere a cómo reaccionamos *dentro* de nosotros mismos. Los malos momentos pueden distanciarnos de nuestra claridad y sabiduría, pero esas fuerzas están siempre dentro de nosotros. Incluso reconocer que tenemos la opción de conectar con nuestras fortalezas interiores puede ser el comienzo de un giro radical de cómo nos sentimos.

Cuando atravesamos dificultades en la vida, coexisten dos realidades: la mala, que pasa por la mente; y la buena, que está siempre en el corazón. Siempre tenemos la posibilidad de conectar con la buena interna, si decidimos hacerlo. Incluso en los peores momentos.

Ahora me gustaría compartir algunos pensamientos que iluminarían la oscuridad emocional que acompaña a los malos momentos de la vida. Quiero empezar abogando por lo bueno de la humanidad, porque no hay mayor oscuridad que creer que se está en el lado equivocado de este mundo.

¿Te has enterado de las noticias?

Es increíble la ingente cantidad de información a la que tenemos acceso a través de la televisión y demás dispositivos. Tenemos la posibilidad de estar muy bien informados. Pero las noticias nos exponen también algunos de los sucesos más inquietantes que suceden en nuestros vecindarios y más allá. Una historia se convierte en noticia porque es inusual, así que si seguimos consumiendo más y más noticias negativas nuestro sentido de la realidad puede verse distorsionado. Entonces el mundo nos parece un lugar cada vez más peligroso y la gente nos parece mala en su mayoría.

A ver, en el mundo ocurren cosas malas, pero empaparnos de malas noticias y retorcernos las manos de preocupación no ayuda a nadie. En cambio, deberíamos utilizar nuestra energía en solidarizarnos con las personas afectadas por sucesos terribles y adoptar medidas inmediatas para ayudarlas si podemos. Pero también hay que preguntarse qué papel desempeñamos, en caso de que lo haya, en la situación. ¿Somos parte del problema de alguna manera? Y debemos recordar siempre que hay más amor, compasión y generosidad en este mundo que odio; todas las buenas noticias de las que no se informa.

Si todavía dudamos de que nuestra especie tiene la capacidad para hacer el bien, entonces es que estamos viviendo un mal momento. He aquí una sugerencia: esforcémonos por mirar en nuestro interior y buscar lo bueno que hay en nosotros antes de prestar atención a lo bueno y lo malo de los demás.

Busquemos nuestras fortalezas interiores. Busquemos el amor en nuestro interior. Por mucho que alguien se haya apartado del punto inicial de la paz, siempre existe la posibilidad de volver. Y lo mismo nos ocurre a nosotros, claro. Un terreno abandonado tiene el potencial de convertirse en un hermoso jardín. La paz *es* posible.

Cuando nuestros seres queridos mueren

Uno de los momentos más difíciles por los que pasamos es cuando alguien a quien amamos fallece. Nos quedamos con preguntas sin responder, con una profunda sensación de vacío, paralizados, airados y confusos.

La vivencia del dolor es única en cada persona. Atravesamos diferentes etapas de aflicción, volviendo a veces a cada sentimiento a medida que la mente y el corazón se recuperan. He visto a personas que pasan por un periodo de duelo y vuelven enseguida a su «ser habitual», mientras que otras emergen con la vida profundamente cambiada. También he conocido a personas que se han sentido emocionalmente destrozadas durante muchos, muchos años.

No tengo ningún remedio sencillo para los peores momentos de pérdida y dolor, solo algunas observaciones que quizá sirvan de ayuda. Por experiencia propia sé que una vez que los primeros sentimientos de dolor se han calmado, busco comprender cómo mi relación con esa persona ha cambiado; no finalizado, sino cambiado. Puede llevar tiempo darse cuenta de que la persona amada ha dejado físicamente su cuerpo. Pero, por descontado, si no está ahí en el cuerpo, tiene que estar en algún otro sitio. Y donde van a estar *siempre* es contigo, en el corazón.

Los recuerdos no pueden sustituir a la persona que vivió, con todas sus muchas cualidades: el olor de su piel, el tono de su voz, los ojos al reír, su calidez en una noche fría. Pero lo mejor de nuestro ser querido vive en nuestros recuerdos. Los llevamos de esta forma con nosotros adondequiera que vayamos. En mi caso, quiero que los recuerdos felices de la persona que he perdido brillen dentro de mí.

Cuando murió mi padre, yo tenía 8 años y medio. Estaba muy unido a él. Era una persona muy cariñosa, pero ¡muy estricta! La gente le reverenciaba, pero cuando eres niño, simplemente aceptas las cosas como son; así que todo aquello era normal para mí, sencillamente era mi padre. Acudían miles de

personas a escucharle y aquellos acontecimientos eran mágicos. Todos habían ido con un propósito, que era llegar a saber
un poco más de sí mismos. Él se sentaba y empezaba a hablar,
y desde aquel momento había un absoluto silencio. Yo tenía la
suerte de ser parte de ello. Experimentarlo una sola vez en
la vida ya era muy especial, pero yo lo viví durante varios años.

Los días posteriores al fallecimiento de mi padre no entendía lo que había sucedido. Solo recuerdo que lloraba a más no
poder. Y luego, después de un tiempo, me di cuenta de algo:
seguía viéndolo en mi corazón, oyéndolo, sintiéndolo. Han pasado unos cuantos años, pero sigo viéndolo, oyéndolo y sintiéndolo en mí. Cuando alguien muere no hay nada que pueda
hacerse al respecto. Lo único que *podemos* hacer es ir aceptán-
dolo. Luego, despacio, quizá, empezaremos a entender que están con nosotros de otra manera. No pueden arrebatarnos ese
sentimiento de conexión.

Muchísimas personas sintieron una gran tristeza cuando mi
padre falleció. Unos días después se congregó una enorme
multitud, y pude ver que aquella gente estaba muy compungi-
da. Yo no quería que siguieran con aquel dolor, y, de repente,
me vi subiendo al estrado y levantando el micrófono. Dirigí la
mirada a aquellos rostros y dije: «No hay necesidad de llorar.

Aquel por quien estáis llorando sigue aquí con nosotros, en vuestro corazón, en vuestro ser, y siempre lo estará». Cuando la gente oyó el sentimiento que albergaban mis palabras, las personas se sintieron alentadas, y gritaron al unísono varios vivas. Quizá vieron un aspecto de mi padre en mí, pero también sintieron su energía en *ellos*.

De la misma manera que la energía no se destruye, sino que solo se transforma o se transfiere, así nuestros seres queridos se convierten en alguna otra cosa, en algún otro sitio. Así es como trabaja la naturaleza. En constante evolución. Una semilla se transforma en un árbol, y ese árbol da fruto, y cada fruta contiene una semilla, y cada una de las semillas tiene el potencial de convertirse en otro árbol. Cuando coges una semilla, ¿qué tienes en la mano? Algo diminuto, pero también la posibilidad de un bosque. Siente el bosque en esa semilla.

Nuestros seres queridos siempre estarán presentes en nosotros. Y su energía se transmite a través de nosotros. Y siempre serán parte de esa infinita energía universal que es la conciencia. Abramos el corazón y sentiremos su presencia.

Miremos la luna

Muchos científicos creen que la luna procede de la tierra. Según esa teoría (a veces denominada teoría del gran impacto), un cuerpo gigantesco chocó contra nuestro joven planeta y de los restos se formó un fabuloso nuevo satélite. Ese cuerpo recibe el nombre de Tea, denominado así por la madre de Selene, la diosa lunar, en la mitología griega. Así pues, la luna sería en parte tierra y en parte Tea.

Cuando la luna nos dejó, no se fue muy lejos. Ahora orbita alrededor de su viejo hogar, y su movimiento influye sobre nosotros. Quizá podríamos pensar que los seres queridos que nos han dejado se han convertido en nuestra luna. Son siempre parte de nosotros. Rodean nuestra vida. Iluminan nuestras noches. Tiran de las mareas de nuestras emociones, moviéndonos. Levanta la vista y mira el reflejo del sol en su rostro.

Podemos honrar a la persona que ha fallecido y aceptarla de la nueva manera en que está con nosotros. No hay necesidad de aferrarnos a lo que fue. Podemos flotar en la marea de la vida, dejando que el agua nos sostenga mientras levantamos la vista hacia el cielo nocturno y sentimos la conexión con esa luna. Podemos percibir el dolor a la vez que sabemos que hay una vida entera de sentimiento de unión con ella en nuestro corazón. Podemos atesorar lo que *fue* celebrando lo que *es*: llevándola en nuestro amor a lo largo de la vida.

He aquí un poema que escribí acerca de cómo podemos mantener a los seres queridos con nosotros, y la fortaleza que eso nos proporciona:

Al igual que la noche se carga de oscuridad
y la luna se eleva y empieza a brillar,
habrá una lucecita para ti,
a la que no solo admirarás,
sino que también te alumbrará.

Descansar dentro de nosotros

¿Hay un reto aún más difícil que perder a una persona que amamos? Para algunos es el sombrío pensamiento de que algún día van a morir. La gente se enfrenta al temor sobre su propio final en diferentes momentos de su vida. Este temor puede ser especialmente persistente si enfermamos de gravedad o nos encontramos en una situación peligrosa, pero puede obsesionarnos incluso cuando estamos a salvo y bien.

Con frecuencia me piden que hable con alguien en trance de muerte. Aunque pueda parecer contradictorio, encuentro útil que primero reconozcamos la realidad de nuestra mortalidad. Hemos de entender que todos vamos a morir. Es una fantasía pensar que la vida que tenemos ahora durará para siempre. Pero ¿cuándo vamos a morir exactamente? Nadie puede decírnoslo. ¿Qué sabemos realmente sobre la vida y la muerte? Lo único que sabemos con seguridad es que nacimos y que estamos vivos ahora mismo, en este momento.

Cuando estamos enfermos, ayuda mucho recordar que tenemos una increíble fortaleza en nuestro interior. Tenemos que encontrar a esa amiga y utilizarla si podemos, poner toda la energía positiva que tenemos en nuestro interior en funcionamiento. Las enfermedades graves (el dolor, la decepción, la angustia y demás experiencias y sentimientos negativos) pueden desvincularnos de nuestro coraje, de nuestra claridad, de nuestra plenitud, de nuestra alegría y de nuestra paz. Pero el coraje *sigue* en nuestro interior. La claridad *sigue* en nuestro interior. La plenitud *sigue* en nuestro interior. La alegría *sigue* en nuestro interior. La paz *sigue* en nuestro interior. En los malos momentos, siempre tenemos acceso a los recursos del corazón.

La paz tiene una cualidad que me gustaría expresar: nos permite descansar dentro de nosotros mismos. Cuando el mundo exterior nos pone en una situación límite, tenemos que saber que siempre podemos conectar con algo inalterable y reparador en nuestro interior. Cuando estemos exhaustos por las batallas de la vida, tenemos que saber que hay descanso en nuestro interior. Como dijo mi padre sobre la sensación de ir a lo más profundo y experimentar el yo: es como estar dormido sin dormir. Cuando lo necesitemos, podemos alejarnos del ruido y adentrarnos en ese sentimiento reparador de la paz interior.

Demasiadas expectativas

Una forma de ayudarnos a nosotros mismos en los malos momentos —en realidad, en cualquier momento, malo o bueno— es darnos cuenta de cómo las expectativas moldean nuestra experiencia. Todos los días tengo expectativas. Tengo expectativas con respecto al despertador. Tengo expectativas con respecto al teléfono y el iPad. Cuando cojo el salero, confío en que tenga sal. Está bien fijarse expectativas, pero tenemos que entender que no siempre se ajustan a la realidad. Como dijo el boxeador Mike Tyson, sin rodeos: «Todo el mundo tiene un plan... hasta que le parten la cara».

Hace falta valor para aceptar la vida como es, en lugar de distraerse con temores o fantasías. La claridad sobre lo que *es* nos salva de muchos dolores de cabeza. O como lo expresó Séneca: «Sufrimos más con lo que imaginamos que con lo que realmente sucede».

¿Qué ocurre cuando nos dominan las expectativas? Bueno, probablemente podamos sobreponernos a la decepción de un salero vacío. Conozco a algunas personas a quienes les daría un patatús si el teléfono o la tableta les dejase de funcionar, pero sobrevivirían. El verdadero problema comienza con otras personas y las expectativas que proyectamos en los demás. Los deseos insatisfechos pueden generar una tremenda cantidad de ira y tristeza. Las relaciones fracasan. Puede ser desastroso.

Había una vez un joven granjero que tenía que llevar pesados sacos de productos al mercado cada semana. Era un trabajo duro, y se veía limitado por lo que pudiera cargar él solo, así que ahorró mucho para comprarse un burro. Su esposa no estaba de acuerdo. Decía que lo que necesitaban era una vaca, porque la vaca les daría leche y mantequilla. Compraron una ternera. El suplicio de cargar con los sacos hasta el mercado no disminuyó, pero siguió trabajando duramente hasta que tuvo el dinero suficiente como para comprar un burro. El burro le cambió la vida. El problema era que había muy poco espacio en el corral, y pronto la vaca se hizo adulta y ahora era el burro el que se sentía desgraciado. De hecho, el burro corría el peligro de ser aplastado.

El hombre se sentía frustrado con aquella situación y le rogó a Dios: «Señor, esto no puede continuar: por favor, ¿podrías matar a la vaca? Así mi burro tendrá el espacio que necesita». Al día siguiente se despertó y se encontró con que el burro estaba muerto. «Señor», dijo, «creía que a estas alturas sabrías distinguir un burro de una vaca».

¡Expectativas!

Pensemos en algunas de las bodas a las que hemos asistido o de las que hemos oído hablar. En cuanto vemos que la feliz pareja o las familias esperan «una boda perfecta», sabemos que habrá problemas. Lo primero que un amigo o un organizador de bodas debería explicar a los que planean una boda es esto: «¡Las cosas no siempre salen como las planeamos!». Los vestidos aprietan. Las limusinas se pierden. Los suegros dicen lo que no deben. La banda se equivoca de canción. La comida está sosa o salada. Puede llover. Puede que al pobre fotógrafo o al cámara le toque hacer pequeños milagros tratando de captar todos los momentos mágicos, para que los «recuerdos» del día reflejen las expectativas, no la realidad.

Por supuesto que es estupendo fijarse expectativas emocionantes con respecto a las cosas importantes de la vida —las relaciones, la casa, el trabajo, las bodas familiares—, pero no deberíamos aferrarnos mucho a ellas. La decepción quita encanto al momento. Desperdiciamos demasiada parte de nuestra preciosa vida lamentando que el ahora no está a la altura de nuestra idea del ahora. ¿Y quién tiene la culpa cuando eso sucede, la realidad o nuestra imaginación? Si somos estrictos en nuestro planteamiento, sentimos el impacto de los sucesos inesperados y las decepciones aún más. Nos hacemos más fuertes cuando aprendemos a ser más flexibles con lo que *es*. Pensemos en cómo los árboles se mecen con el viento. Pensemos en cómo vuelan los pájaros durante una tormenta. Pensemos en cómo se mueven los peces con la marea.

¿Quién fija nuestras expectativas? ¡Nosotros lo hacemos! Somos los que creamos nuestras propias expectativas. A veces se cumplen; otras veces, no. La cuestión es: otras personas pueden tener expectativas de nosotros, pero no tenemos por qué hacerlas nuestras. Con frecuencia, cuando nos sentimos decepcionados, nos sentimos decepcionados de nosotros mismos. Y a mí eso me parece una pérdida de tiempo precioso.

«¿Por qué usted no se parece a usted?»

Cuesta mucho alejarse de los pensamientos y ver cómo nos empeñamos en un determinado resultado. Es como una persona obstinada que se pierde: prefiere creer su interpretación del mapa en lugar del mundo que observa a su alrededor, hasta que se ve obligada a reconocer que algo no ha ido bien. Y entonces echa la culpa al mapa. ¿Quién ha dibujado esto? Caemos en la trampa de seguir a nuestra mente, incluso cuando nuestro corazón nos está diciendo que algo no está del todo bien.

Una vez llegué a un gran evento y algunos organizadores me esperaban junto a la zona del escenario para acompañarme desde el coche. Ya me habían visto hablar muchas veces y les agradecía que quisieran darme la bienvenida de aquella manera.

Aquel día yo no llevaba corbata ni traje, que era algo impropio en mí cuando iba a un evento. El viaje fue largo y probablemente por eso decidí vestir con comodidad para conducir. Cuando detuve el coche, el grupo de bienvenida se quedó allí parado, mirándome. No se movieron. Yo abrí la puerta y me dispuse a salir. «¡No, no, no!», gritaron. «¡Quite de ahí el coche! ¡Estamos esperando a alguien en este momento! ¡Mueva el coche!».

Me estaban mirando fijamente, pero me di cuenta de que todos buscaban el traje y la corbata. Sin esas cosas yo no encajaba en su *expectativa*. Entonces uno de ellos vio la realidad y se sintió avergonzado. «¡Oh! ¡Cuánto lo sentimos, no nos habíamos dado cuenta de que era usted!». Lo demás seguían mirándome como diciendo: «¿Por qué usted no se parece a usted?».

Un viejo problema

«Quien es de naturaleza tranquila y feliz apenas notará la presión de la edad, pero para el que tiene el temperamento contrario, la juventud y la edad son una carga igualmente». Eso decía el filósofo griego Platón, que vivió hasta bien entrados los ochenta, por cierto. A medida que me hago mayor, cuando leo esas palabras, las aprecio cada vez más. El envejecimiento es un asunto complejo y puede ser una seria prueba de carácter.

«Envejecer no es para cobardes», dijo en una ocasión la actriz hollywoodiense Bette Davis. Ciertamente nuestro ego recibe un duro golpe en el camino a la vejez. Pero gran parte de lo que tenemos en la cabeza sobre hacernos mayores es ruido impulsado por el temor. «A mis 60 años, yo ya no puedo hacer eso». Vale, es posible que ya no puedas correr una maratón, o quizá tu tiempo de maratón en estos momentos es de unas cinco horas. De cualquier manera, no es poca cosa.

Tengamos la edad que tengamos, hay algunas cosas que ya no podemos hacer y muchas otras cosas que ahora sí podemos hacer. Acepta lo que es y olvida lo que no puede ser. En gran parte el envejecimiento está en nuestra mente. Cuando somos jóvenes, amamos la vida y no nos preocupamos de la muerte. Nos hacemos viejos de verdad cuando nos preocupa tanto vivir como morir.

Hace mucho tiempo, en Italia, paseaba por una preciosa calle, mientras hacía fotografías. Me topé con unos siete ancianos allí sentados que estaban hablando, fumando cigarrillos y disfrutando de la sombra en un día muy caluroso. Se los veía relajados, repantigados en las sillas con sus protuberantes barrigas. Nada parecía preocuparlos. Entonces una hermosísima joven dobló una esquina y se acercó caminando. ¡Caray! Nunca había visto a unos hombres sentarse derechos, abotonarse la camisa y meter el estómago a tanta velocidad. Ella no pareció darse cuenta.

Sé realista

Estabas preparando la cena y te has ido a hacer otra cosa, y ahora todo se ha quemado. No hay más comida en casa y es domingo, así que todas las tiendas están cerradas. Seguro que todos hemos pasado por algo parecido. Justo cuando estás pensando en lo que ha sucedido, alguien salta: «¡Sé positivo!».

Te compraste un equipo de música buenísimo y ya colocaste todos los cables —lo que te costó una eternidad—, y ahora vuelves a casa del trabajo y, por fin, vas a estar un rato solo escuchando tu música preferida. Pero tu gato la ha emprendido con los altavoces y los ha hecho trizas, y además ha mordido los cables. Alguien salta: «¡Sé positivo!».

Pues bien, esta es la verdad: no me siento positivo, no hay nada de comer y no puedo escuchar mi música. Lo que tengo que ser es realista, no positivo. Lo que me lleva al siguiente punto: mis mensajes acerca del solaz de la paz interior y de la necesidad de aprovechar el momento presente no son simples invitaciones a «¡Sé positivo!». No estoy hablando de blanquear todas las malas situaciones con una mueca de optimismo, como una Pollyanna. En cambio, podemos apreciar la vida y disfrutar más de ella si vemos el mundo y nos entendemos a nosotros mismos claramente. Los malos momentos que vivimos son reales, pero la paz interior también lo es. Vivir conscientemente, sentir dolor, sentir ira, sentir soledad, sentir depresión, es decir, reconocer el dolor, pero también saber que siempre podemos elegir conectar con la paz interior.

Dice un gran proverbio chino: «No culpes a Dios por haber creado al tigre; agradécele que no le diera alas». Imaginemos el destrozo que un tigre alado causaría. Afortunadamente no tenemos que tratar con semejantes criaturas imaginarias ni con situaciones imaginarias. Yo encuentro la vida más fácil si nos centramos en tratar con lo que *es*. La realidad es el mejor sitio para vivir.

Ser realista nos ayuda a prepararnos para lo que nos vendrá en la vida. Si estamos pasando por una buena racha, seamos conscientes de que vendrán malos tiempos... en algún momento. Ahora mismo no hay que preocuparse. Si estamos pasando por una mala racha, seamos conscientes de que en algún momento vendrán buenos tiempos. No es necesario proyectar la mente en todos los posibles escenarios futuros: solo saber que el cambio llegará y sentir nuestra capacidad de resistencia.

Además de ser realistas, tenemos que saber que —incluso en las peores tormentas de la vida— hay lugar para la calma, y ese lugar está dentro de nosotros. Esto es lo que yo sé: puedo estar en paz dentro de mí mismo tanto en los momentos maravillosos como en los terribles. No siempre puedo escapar de esas tormentas o navegar por ellas, pero sí ir a un lugar de calma que está en mi interior.

Así pues, tengo un espíritu positivo, pero soy realista. Cuando piloto un avión, *siempre* llevo combustible de sobra. Cuando aprendes a volar, te dicen: «Tres cosas son inútiles en una emergencia: la pista de aterrizaje, el cielo que tienes encima y el combustible del camión». Si has recorrido la mayor parte de la pista y no has despegado, toda la que tienes a tus espaldas no te servirá para nada. Si has perdido potencia y tienes que hacer un aterrizaje de emergencia, es el aire que tengas debajo el que es fundamental, no el cielo de arriba. Y el combustible que haya en el camión del aeropuerto tampoco te servirá de nada una vez que estés en el aire. Eso es ser realista.

Pilotar nuestra vida

Oí una anécdota mientras aprendía a pilotar helicópteros, en Florida, que siempre me hace reír. Es también un buen recordatorio de cómo a veces somos nosotros mismos los que nos creamos los problemas, de cómo a veces somos los responsables de nuestros malos momentos. A modo de introducción diré que los pilotos son muy dados a contar historias o a embellecer los detalles de una anécdota. Esta está basada en hechos reales, pero probablemente se le ha añadido un poco de color.

El caso es que había un tipo que tenía uno de esos pequeños aviones en los que tienes que girar la hélice para ponerlo en marcha. Un día fue a hacerlo pero no funcionó. No había potencia y la hélice no se movió. Así que se metió en la cabina y presionó el acelerador, lo que añadía potencia al motor, igual que cuando intentamos poner en marcha un viejo coche. Volvió a intentarlo, pero no funcionó. Volvió a presionar el acelerador. Y otra vez.

Al final, giró la hélice con fuerza y arrancó el motor, pero le había dado tanto al acelerador que el avión había empezado a activarse. Ahora quería moverse, lo que estaba bien; solo que él estaba fuera de la cabina, lo que estaba muy mal. El hombre había colocado una cuña grande delante de *una* de las ruedas, así que el avión no podía cambiar de posición, pero la otra rueda no quería estarse quieta y se movía. Así pues, una rueda estaba inmovilizada y la otra estaba libre, lo que significaba que el avión comenzó a dar vueltas. Y luego cogió velocidad.

En ese momento, el pilotó intentó agarrar un puntal de un ala, pero eso hizo que la otra rueda saltara por encima de la cuña. Así que ahora no había nada que impidiera que el avión avanzara por la pista, aunque el piloto lo hubiese agarrado. Pero no podía sujetarlo eternamente, sobre todo porque se estaba mareando con tanta vuelta. Cuando finalmente lo soltó, el avión se enderezó, se encarriló hacia la pista cogiendo velocidad, bajó y subió una hondonada, y luego despegó, sin piloto.

Cerca había otros pilotos entrenándose con helicópteros y habían visto lo sucedido, así que persiguieron al avión. Imaginémonos la escena: una persecución aérea. El avión vacío volando felizmente, ajeno a todo lo demás, haciendo aquello para lo que estaba diseñado. Voló durante una hora y cuarenta y cinco minutos aproximadamente, y entonces se agotó el combustible, se paró y descendió lentamente hasta que tocó tierra. Los pilotos de helicóptero se sorprendieron de la suavidad con que había volado el avión.

La razón por la que esta historia me viene a la mente es porque, a veces, es el piloto el que estrella el avión. Se mete en la cabina y piensa: «Muy bien, tengo que hacer *esto*, y tengo que hacer *esto*, y tengo que hacer *esto* otro», y sus acciones causan los problemas. Dejado a su aire, el avión de esta historia hizo su trabajo maravillosamente bien mientras estuvo en el aire, sin nadie en él. Cuando se pilota un avión hay que darle una orientación productiva y realista, dejándole hacer aquello para lo que está diseñado y nada más. En la vida las cosas también son así. Si siempre estamos pensando: «Tengo que conseguir que mi vida haga esto por mí, y esto, y esto otro», puede que nos estrellemos. Hay una preciosa simplicidad en la vida si le dejamos hacer aquello para lo que ha sido diseñada.

Cuando las cosas van mal en nuestra vida, tendemos a culpar a otras personas, o a la mala suerte, o al karma. Sin embargo, a veces, todo se reduce a cómo nos desenvolvemos. ¿Tenemos claridad? ¿Hacemos planes realistas? ¿Somos flexibles a la hora de reaccionar a situaciones imprevistas? ¿Intentamos que nuestra vida se desarrolle de una manera que le es imposible en lugar de dejar que haga lo que mejor sabe hacer? Según mi experiencia, lo que buscamos es encontrar el equilibrio entre controlar nuestra vida y dejarla florecer, entre guiar un avión y dejarlo volar.

Busca tu fuego

Hay un proverbio que dice: «Es mejor encender una vela que maldecir la oscuridad». Puedes quedarte en la cama toda la noche y maldecir la oscuridad, pero eso no traerá la luz. Puedes permanecer en el oscuro bosque de tus problemas y llorar —y sé que los problemas a veces pueden ser abrumadores—, pero en algún momento tenemos que decir: «¡Hasta aquí hemos llegado!».

En esas situaciones tenemos que armarnos de valor, prender una cerilla y encender esa vela. Luego podemos utilizar la llama de esa vela para encender otra. Y mira por dónde la luz de la primera vela no se apaga, y tenemos el doble de luz. Y podemos seguir así hasta que volvamos a iluminar nuestra vida. Pero solo una vela puede encender otras, y siempre tenemos que buscar ese fuego dentro de nosotros.

¿Y qué es la luz? La consciencia: la única luz que puede guiarnos en la vida. Incluso en los malos momentos.

Mi perspectiva sobre los malos momentos no es nueva, pero el mensaje es tan relevante hoy como imagino que lo era en los tiempos de Platón, o cuando el poeta Kabir escribía en el siglo XV, o miles de años antes de ambos. Mis argumentos son sencillos: el mundo puede ser un lugar difícil, pero la gente nace buena y la paz se encuentra en todas las personas. La muerte se lleva lo que amamos y lo transforma en algo que aún podemos sentir y honrar. Hace falta valor para mirar a la realidad directamente a los ojos, pero nos libera para experimentar la vida como es. Debemos dominar nuestras expectativas o ellas nos dominarán a nosotros. Y tanto en los días más duros como en los más hermosos, siempre tenemos la posibilidad de conectar por dentro con nuestro verdadero yo, para elegir experimentar la alegría, la plenitud y la paz en nuestro corazón.

Esto me recuerda un poema de Kabir:

La luna brilla en mi interior,
pero mis ojos ciegos no pueden verla.
La luna está en mí, al igual que el sol.
Como también el sonido del silencio,
en mi interior tocan todos los instrumentos en armonía,
pero mis oídos sordos no pueden oírlo.

Mientras el hombre reclame el yo y lo mío,
sus obras nada serán.
Cuando me libere del yo y lo mío,
se consumará la obra del Señor.
Si uno desea ser libre, adquiere conocimiento.
Y alcanzado el conocimiento, ganará esa verdadera libertad.

Cuando las flores desean tener fruto, florecen.
Cuando el fruto madura, la planta ya no necesita la flor.
Como el ciervo, que aunque lleva el almizcle en su interior
no es ahí donde lo busca, sino en la hierba.

En tu interior tocan todos los instrumentos en armonía.
Escucha la paz en lo más profundo de ti. Ese es el sonido del
silencio. Escucha atentamente, y quizá te oigas a ti mismo.

08

Guerra, prisiones y perdón

Imaginemos un mundo en el que todos vivan en paz. Imaginemos lo que brotaría de una paz global, las hermosas flores de la generosidad. Imaginemos un mundo en el que la sociedad utilice sus talentos, recursos y energía para el bien de todos. Donde los muchos, muchos miles de millones de dólares que se gastan actualmente en defensa se empleen en vencer la enfermedad en lugar de en derrotar unos a otros. Donde la violencia y el crimen no dividan a las comunidades y a las familias, sino que permanezcan unidas, fuertes, comprensivas y afectuosas. Donde el hogar de todos sea un lugar seguro, confortable y acogedor. Donde las nuevas tecnologías se diseñen para servir a la humanidad, para ayudarnos a prosperar.

Donde haya abundancia de alimentos y agua, y compartamos lo que tenemos con amigos, vecinos y desconocidos. Donde las fronteras no sean sino líneas en viejos mapas. Donde las criaturas de todo tamaño y forma tengan espacio para prosperar. Donde se ame y se respete la naturaleza. Donde las aldeas, pueblos y ciudades rebosen de gratitud y generosidad.

Imaginemos ese mundo.

En lugar de vivir bajo la amenaza de la destrucción, podríamos vivir así, en paz. Todos. Como si fuéramos uno.

«¡Sí!», decimos. «¡Eso es lo que queremos!». Pero ese mundo ideal nunca ocurrirá al menos que, en primer lugar, entendamos lo que es la paz. Muy pocos entienden lo que es. Todos sabemos mucho sobre la guerra, pero sabemos muy poco sobre la paz.

Tenemos muchas ideas sobre ella, pero con frecuencia son poco más que sueños utópicos. ¿Y qué significa la palabra utopía? En griego *ou* significa «no» y *tópos* significa «lugar». Lugar inexistente. Soñamos con un lugar que no puede existir a menos que lo busquemos de otra manera. La paz hay que buscarla en nuestro interior, ese es el mensaje que ha resonado a lo largo de los siglos. Empieza dentro de nosotros, de ti y de mí.

Solo podemos ir sabiendo lo que es la paz cuando experimentemos la paz interior por nosotros mismos, de ahí la importancia del conocimiento de uno mismo. Cuando entendemos la paz que hay dentro de nosotros, y nos ponemos en contacto con ella, *entonces* comprendemos lo que es la paz entre las personas. *Entonces* podemos elegir ser verdaderamente pacíficos en nuestra forma de actuar. *Entonces* la paz mundial que buscamos tendrá la oportunidad de convertirse en una realidad en lugar de existir solo en la forma de una abstracta utopía.

Una semilla

Encuentro que las conversaciones sobre la paz pueden producir toda suerte de «si», «pero» y «quizá» respecto a «otras personas». Preguntamos: si otras personas no quieren vivir en paz, ¿cómo podemos hacer que la paz global sea posible? La paz personal suena de maravilla, pero ¿cómo podemos hacer que otras personas sigan nuestro ejemplo? ¿Quizá ellas son el problema y no la solución?

El centrarnos en «otras personas» nos distrae de mirar hacia nuestro interior. Cierto que inspirar a miles de millones de individuos a que abracen la paz es una tarea ardua, pero hay una buena forma de empezar: persona a persona. ¿Y con quién tenemos que empezar? ¡Con nosotros mismos!

Imaginémonos en un extenso prado, con más y más prados extendiéndose a nuestro alrededor hasta el horizonte. Yo digo: «Quiero que crees un bosque en este prado y en todos los de alrededor». Tú dices: «Vale, ¡me parece una gran idea!». Pero ¿por dónde empezarías?

Se diría que es un enorme y complicado reto —virtualmente imposible—, pero, en realidad, es muy sencillo si entendemos la naturaleza de un árbol. Cada árbol tiene el potencial de multiplicarse a sí mismo. Lo único que se necesita para comenzar es una buena tierra y la semilla adecuada, porque un árbol puede propagarse hasta convertirse en un bosque. No es necesario plantar diez mil semillas a mano. No es necesario llevar agua, un equipamiento complicado, expertos y demás. No se necesita nada de eso si se tiene un suelo fértil y una semilla. Tan solo una semilla.

Aprender a elegir

¿Es legítimo que en ocasiones luchemos y que incluso vayamos a la guerra? Tal vez. Depende de cada uno de nosotros elegir entre la paz o la guerra para nosotros mismos, de acuerdo con lo que sentimos en el corazón. Tenemos ambas cosas en nuestro interior, al igual que tenemos claridad y confusión. Solo podemos tomar la decisión correcta si nos entendemos a nosotros mismos.

En una famosa parte del gran relato épico sánscrito Mahabharata, el dios Krishna acompañaba a Arjun, un guerrero, al campo de batalla. Lo que ocurría a continuación nos dice algo importante sobre la paz y la guerra, en parte porque nuestro héroe, Arjun, tomaba una sorprendente decisión.

Así pues, se preparaba una gran batalla y Arjun dijo que no quería luchar. Contempló las filas de soldados y vio una larga hilera de familiares, amigos, profesores, camaradas... No sintió ningún deseo de levantar el arco contra aquellos a quienes amaba y conocía. Su razón parecía noble y generosa.

Ahora bien, podría pensarse que a Krishna le agradaría ese abrazo de la paz por parte de Arjun. Pues no. ¿Por qué? Porque Arjun no se conocía a sí mismo. El guerrero no había comprendido los muchos factores que debía tener en cuenta para tomar esa decisión. Sus sentimientos eran utópicos y no tenía una visión completa del panorama. Sus sentimientos no estaban conectados con la realidad de su situación. Dicho de otra manera: no se conocía verdaderamente a sí mismo.

Krishna habló con Arjun y le explicó el trasfondo de la batalla, ayudándole a comprender mejor su lugar en el mundo, también su obligación como guerrero de tomar parte en una guerra justificada. Poco a poco el guerrero comprendió su posición y se dio cuenta de que ahora era completamente libre de elegir por sí mismo. Lo importante es tomar la decisión adecuada y eso empieza sabiendo que *tienes* elección.

Imagina que estás en prisión y que llevas muchos años mirando por la ventana de la celda, planeando escapar. Hay un muro alto muy cerca de donde estás y es lo único que ves. Domina toda la vista y apenas deja pasar un poco de luz en la celda. Crees que es el único muro que te separa de la libertad, pero un poco más atrás de ese muro hay otro. Este segundo muro es más alto que el primero, pero el muro cercano a la celda bloquea la visión de ese segundo muro. Más allá de este hay un muro aún más alto, pero este tercer muro no puede verse debido al primero.

Llevas varias semanas juntando a escondidas el material necesario para escalar el primer muro. Mides las cuerdas cuidadosamente y llegas a la conclusión de que tienes suficiente para escalarlo. Consigues salir de la celda y enseguida trepas hasta lo alto. Pero, una vez arriba, te encuentras con el segundo muro y las cuerdas no te dan para llegar a lo alto de este. Has malinterpretado tu situación.

Si no tenemos una visión de conjunto, no podemos tomar la decisión adecuada. Si no tenemos autoconocimiento, no podemos conectar con la paz de nuestro corazón. Si no estamos conectados con la paz de nuestro corazón, puede que elijamos luchar por razones equivocadas. Y si no estamos conectados con la paz de nuestro corazón, puede que elijamos no luchar por razones equivocadas. De la paz interior viene la claridad para elegir. En lugar de soñar con una utopía tenemos que ver la realidad claramente y tomar nuestra decisión.

Otro paso de gigante

Entonces, ¿es la paz mundial *realmente* posible? ¿Somos los seres humanos capaces de vivir juntos en armonía? ¿Podrá la paz ser algún día nuestra realidad? Mucha gente cree que no. El negativismo imperante sobre este tema es descorazonador. Séneca dijo: «No es que no nos arriesguemos porque las cosas sean difíciles, sino que las cosas son difíciles porque no nos arriesgamos». ¿Nos aventuramos a dar una oportunidad a la paz?

Me gustaría recordar algo que sucedió hace un tiempo. Duró doce segundos y abarcó unos treinta y seis metros, pero cambió el mundo. Me refiero al primer vuelo propulsado. No hay duda de que mucha gente había visto el atrevido plan de los hermanos Wright y dijeron: «¡Eso no va a funcionar!». O: «¡Qué ingenuos!». O: «¡Si Dios hubiera querido que volásemos, nos habría dado alas!». Pero esos dos hombres, que empezaron arreglando bicicletas, tenían una gran imaginación. Y no entendían la palabra no. Eso se llama tenacidad. En materia de paz necesitamos más tenacidad y más atrevimiento.

Pongo otro ejemplo de vuelo a la gente que dice que la paz es imposible: hemos ido a la luna. ¿Tuvo éxito esa misión —ese paso gigante de la imaginación a la realidad— gracias a los que afirmaron: «Eso no puede hacerse» o a los que dijeron: «Vamos a intentarlo»? Fijémonos en la ambición que había en las palabras del presidente John F. Kennedy de 1962:

Elegimos ir a la luna. Elegimos ir a la luna en esta década y afrontar los demás objetivos, no porque sean fáciles, sino porque son difíciles, porque esa meta servirá para organizar y evaluar lo mejor de nuestras energías y aptitudes, porque es un reto que estamos dispuestos a aceptar, que no estamos dispuestos a posponer, y que tenemos intención de lograr.

Quizá tenemos que desaprender parte del negativismo que hemos adoptado desde aquellas primeras aventuras lunares. Hacer de la paz una realidad aquí en la tierra sin duda sería nuestro logro colectivo más grande, así que ¿y si reforzáramos nuestra determinación? Y si, siguiendo el ejemplo de Kennedy, dijéramos:

Elegimos lograr la paz entre las personas. Elegimos hacerlo en esta década no porque sea fácil, sino porque es difícil, porque esa meta servirá para organizar y evaluar lo mejor de nuestras energías y aptitudes, porque es un reto que estamos dispuestos a aceptar, que no estamos dispuestos a posponer y que tenemos intención de alcanzar. Porque la paz es posible cuando cada uno empieza por sí mismo.

La maldición de la venganza

Los conflictos se dan cuando se pierde el respeto hacia los demás. En ausencia del respeto, nuestros principios y reglas se vuelven más importantes que las personas. La cabeza se impone al corazón, y proyectamos ideas negativas sobre aquellos con los que disentimos. Los propagandistas de la guerra saben desde hace siglos que deshumanizar a la otra parte es rentable. Si conviertes en monstruos a tus adversarios, resulta más fácil que la gente decente los odie. Una sociedad da un paso en el viaje hacia la paz cuando reconoce la humanidad de su enemigo, y eso sucede de manera individual.

Eso me lleva al tema de la venganza. «¡He sido agraviado, tengo que desquitarme!». Ese sentimiento puede parecer profundamente justo y originarse en la necesidad de creer que la razón está de nuestro lado. Y, más aún, dar la idea de que hay que vengarse para protegerse. Pero ¿con eso conseguimos algo más que generar miedo, odio y el deseo de venganza en los demás?

El hilo conductor de la narración del Mahabharata es la guerra de Kurukshetra, un conflicto que surgió de una disputa entre dos grupos de primos —los Kauravas y los Pandavas—, pues ambos se consideraban los legítimos herederos del antiguo reino indio de Kuru. Algunos creen que esta guerra llevó al inicio de Kali Yuga, uno de los cuatro periodos Yuga; según la mitología india, un tiempo en el que prendieron las desavenencias, las peleas y los conflictos.

Hay una historia sobre la venganza en el Mahabharata que nunca me ha abandonado. Capta lo que sucede cuando perdemos la claridad sobre quiénes somos, en especial esa conexión con la paz que reside en nuestro corazón. Y trata también sobre la importancia de elegir bien. Como ocurre con Krishna y Arjun en el campo de batalla, la versión original es un relato largo y complejo —y en buena medida abierto a la interpretación y la variación—, así que lo resumiré de la manera más sencilla que pueda.

Ocurrió poco después de la guerra, un noble llamado Parikshit se convirtió en rey. Se le consideraba un dirigente justo y reinaba la paz y la prosperidad. Un día, mientras paseaba a caballo, conoció a Kali Yuga, que había adoptado la forma de una persona (esto es normal, por cierto: el Mahabharata está lleno de personificaciones y metáforas).

Kali Yuga se plantó delante de Parikshit y dijo: «Soy Kali Yuga y quiero propagarme por tu reino, ha llegado mi momento». Y Parikshit respondió: «No voy a permitir que lo hagas porque sé quién y qué eres. Eres lo que confunde a las personas, lo que les llevará a pelearse entre ellas, y se olvidarán de sus responsabilidades».

Kali Yuga se dio cuenta de que se enfrentaba a un desafío. «¿Cómo puede ser que yo esté en todas partes menos en *su* reino?», pensó para sí, pero también sabía que Parikshit era un gobernante poderoso y no se atrevía a desafiarle directamente. Se paró a pensar un momento y dijo: «Mira, te estoy pidiendo refugio».

Bien, un rey tenía la obligación de proporcionar refugio cuando se lo pedían de esta manera, así que ahora le tocaba a Parikshit pensar rápidamente. «¿Hay algún lugar en el que pueda alojarle sin que perjudique mi reino?», se preguntó. «¿Qué puedo hacer para no perderle nunca de vista?». Entonces Parikshit dijo estas funestas palabras: «De acuerdo, puedes venir y refugiarte en mi mente».

Kali Yuga se quedó encantado porque sabía que desde ahí podría llegar a ocupar su reino.

Pasaron unos días y Parikshit decidió ir de caza. En un momento determinado sintió sed; vio un áshram y se acercó en busca de agua. Allí se encontró con un rishi, u hombre sabio, llamado Shamika, sumido en una profunda meditación. Parikshit le dijo: «Dame un poco de agua, rishi». Pero Shamika no le oyó. Y el rey insistió: «Por favor, rishi, te pido humildemente que me des un poco de agua». Y Shamika siguió sin responderle.

Llegado a este punto Parikshit se enfadó, lo cual era impropio de él. De hecho, más que enfadado se sintió menospreciado. Vio una serpiente muerta allí cerca y le puso al rishi el animal impuro alrededor del cuello, lo que constituía un terrible insulto.

Uno de los discípulos del rishi vio todo lo que sucedía y maldijo al rey, diciendo que la serpiente Takshak le daría muerte en el plazo de siete días. Parikshit se dio cuenta de su error y pidió perdón a Shamika, pero no había nada que pudiera hacer para evitar la maldición.

Rápidamente se construyó una torre para proteger al rey y sus soldados estaban listos para matar a cualquier serpiente que se acercara. En el séptimo día, Parikshit pensó que quizá la maldición no se iba a hacer realidad. Al atardecer, sintió hambre y cogió algo de fruta. Cuando lo hizo, apareció un gusano. El rey bromeó diciendo que si realmente era la serpiente, dejaría que esta le mordiese, momento en que Takshak se transformó de gusano en serpiente y cumplió así la maldición.

Janmijay, hijo de Parikshit, se enfureció. Estaba tan disgustado que quiso destruir a todas las serpientes del reino. Organizó una enorme Sapt Satra, o sacrificio de serpientes, y sus hombres quemaron todas las que encontraron. Y así continuó el ciclo de venganza.

En la historia, Parikshit, el discípulo de Shamika, y Janmijay se sintieron víctimas de injusticias. De este sentimiento surgió una ira que arrasaba todo a su paso, incluido el sentido de quiénes eran. Finalmente otro rishi, Astik, convenció a Janmijay de que detuviese el sacrificio de serpientes. «Las serpientes que aún viven son virtuosas (excepto Takshak, claro) y no merecen morir», dijo Astik. «Tu gloria será mayor si les perdonas la vida». Janmijay suspendió la quema.

Recomiendo a quienes estén interesados que profundicen en la historia de Kali Yuga; de otro modo terminaré ¡intentando resumir todo el Mahabharata! La cuestión es que Kali Yuga llega y la claridad desaparece. ¿Y qué se impone entonces? La ira, el dolor, el miedo, la venganza, repitiéndose sin cesar. El ciclo de horror solo causa sufrimiento. Exigir ojo por ojo —como al parecer dijo Gandhi— solo conduce a un mundo de ciegos.

Una visión diferente del perdón

El camino que va de la furia al perdón puede ser empinado y difícil, en especial cuando nosotros y nuestros seres queridos hemos sufrido un grave perjuicio. Supone un gran avance ver el perdón no como una dócil aceptación, sino como una forma valiente de liberarnos a nosotros mismos del dolor.

Algunas reacciones son tan terribles, tan dañinas, tan crueles y tan odiosas que no pueden aceptarse. Deben encararse con justicia. El perdón trata de poner fin a la relación con la acción histórica, de manera que no siga frenándonos. El perdón no deja al causante del daño libre de responsabilidad, nos libera a nosotros de él.

He conocido a muchos supervivientes de conflictos y algunas de sus historias me han hecho sollozar. Sé que los hijos e hijas de los fallecidos en guerras pueden crecer con la venganza en el corazón. Los sentimientos que llevamos de tales traumáticos sucesos nunca son fáciles de olvidar, pero damos los primeros pasos para separarnos del victimismo cuando elegimos actuar por nosotros mismos. Es impresionante cuando alguien que busca venganza encuentra la fuerza interior para alzarse por encima del miedo y la furia. Me ha sorprendido la determinación de muchas personas de vivir bien hoy a pesar de lo que les sucedió en el pasado. Y es una cuestión importante: sufrieron, pero no quieren vivir el resto de su vida sintiéndose víctimas.

En Sudáfrica

La primera vez que fui a Sudáfrica, en 1972, tenía 14 años. Fui allí a hablar en varios eventos y lo que vi y experimenté me horrorizó. Me recordó al terrible sistema de castas de India, que detesto. En aquel momento, Nelson Mandela estaba en la cárcel por sus intentos de derribar el régimen.

El *apartheid* era de lo más brutal. En una ocasión, el gobierno sudafricano me dijo: «No puedes realizar un evento mixto. Las personas de razas diferentes tienen que estar segregadas». Y yo respondí: «Lo siento, no voy a hacer eso. Cualquiera puede venir a los actos. Yo hablo a seres humanos. No le hablo a su raza. No le hablo a su religión».

Me pusieron en la lista negra. Los funcionarios del gobierno no querían detener al joven visitante que venía a hablar y causar así un problema internacional, pero me siguieron y controlaron veinticuatro horas al día durante toda una semana. Creo que me salté casi todas sus normas por los sitios adonde fui, por cómo viajé, por con quién me relacioné y por lo que dije. El temor y la ira que les provoqué fueron considerables.

Había un maravilloso grupo de seres humanos en todos los actos en los que intervine —personas de todas las formas, tamaños y colores que imaginarse pueda—, todos íbamos en pos de lo mismo: sentir la paz interior y vivir una vida plena. Esta hermosa posibilidad se contemplaba a la vista de la segregación y la violencia. Iba contra todas las normas del momento, y me demostró cómo la paz que llevamos dentro es más poderosa que los peligrosos juegos mentales a los que a veces jugamos, juegos con consecuencias devastadoras.

En los últimos años he celebrado actos en Soweto, un lugar en el que la gente ha sufrido lo indecible. Muchos de los conferenciantes que van allí hablan sobre el perdón, pero con frecuencia soy el único que habla de perdón principalmente *para vosotros* en lugar de *para ellos,* los causantes. Les digo lo siguiente: «Las personas pueden cometer actos que son tan atroces que probablemente no podéis perdonarlas, pero hay algo que podéis hacer por vosotros mismos: romper el yugo del dolor. Al hacerlo os aseguráis de que lo que sucedió ayer deje de gobernar vuestra vida hoy».

Una vez, en Sudáfrica, estaba dando una charla y una mujer que se encontraba en prisión me hizo llegar una pregunta. Era esta: «He hecho algo en la vida que no puedo perdonarme. Maté a dos de mis hijos y casi me mato a mí misma por los abusos que sufría. Quiero sentir la paz de la que usted habla. Pero creo que he perdido la capacidad de sentirla. ¿Tengo alguna oportunidad?».

Miré hacia el público. Me di cuenta de que estaban mucho más cerca de aquellos sucesos que yo. Les dije: «¿Creéis que esta persona tiene alguna posibilidad?».

Fue muy sorprendente, pero todos —con *una* sola voz— exclamaron: «¡Sí!». Esa fue su respuesta, había esperanza para ella. Nunca olvidaré aquel momento. Me confirmó, alto y claro, que *hay* esperanza para la humanidad.

Deber y responsabilidad

En la historia del Mahabharata que he contado anteriormente, cuando Janmijay se vio interpelado por Astik, aquel replicó que estaba cumpliendo con su deber, su dharm. Algunas personas sienten la pesada obligación *moral* de luchar por su país, su religión, su comunidad o su familia. No voy a intentar definir el deber que tenemos hacia los demás; solo quiero que recordemos el deber que también tenemos hacia nosotros mismos. Y el deber hacia nosotros mismos es comprendernos antes de actuar, y experimentar la paz en nosotros antes de elegir luchar o no. Nuestra mente puede dejarse convencer para que acepte la justificación de la guerra, pero ¿qué pasa con nuestro corazón?

Hace algunos años la Fundación Prem Rawat llevó el Programa de Educación para la Paz (PEP) a Sri Lanka, un país que ha soportado una terrible guerra civil. Empleado inicialmente para ayudar a reclusos, el PEP apoya a un grupo de personas que quieren reintegrarse en la sociedad, ayudándolas a comprender y reconectar con su sentido personal de la paz. En Sri Lanka trabajábamos con el fin de ayudar a los excombatientes a que volvieran a ponerse en contacto consigo mismos, lo que tuvo un poderoso impacto. Un antiguo Tigre Tamil me dijo: «Si hubiera conocido antes este mensaje, nunca habría ido a la guerra». El PEP actualmente funciona en más de cien países y regularmente se ofrece a todas aquellas personas de comunidades que se han visto implicadas en guerras.

En Colombia, nuestros equipos han trabajado con grupos revolucionarios de las FARC. Muchos de ellos llevaban luchando desde que eran niños y apenas conocían otra cosa. Durante décadas, hubo ejércitos privados por todo el país y estaban implicados en terribles actos de caos y violencia, en los que las drogas desempeñaban un papel importante. Después de completar uno de estos programas, un excombatiente de las FARC me dijo: «Si este mensaje puede llegar al corazón de un guerrillero, imagine lo que usted podría hacer por el resto del mundo».

Conflictos cotidianos

Hablar de la guerra puede parecer muy teórico a aquellos que no la han experimentado. Pero en la vida diaria funciona exactamente la misma dinámica, aunque a menor escala. Tomemos un ejemplo de conflicto de bajo nivel. Vas conduciendo en tu coche y alguien invade tu carril sin ofrecer ninguna disculpa. ¡Estás indignado! Te invade la ira. Tocas el claxon y persigues al infractor hasta el siguiente semáforo. ¿Qué ha sucedido? Estás permitiendo que controlen cómo te sientes. ¿Adónde te llevan esos diez segundos de más? ¿Al paraíso? ¿O solo a unos metros más adelante en la autovía? Si los dos competís por algo que carece de importancia, ¿quién no entiende la cuestión, él o tú? ¡Ninguno de los dos!

Probemos con otro enfoque. Si vemos a alguien intentando adelantarnos, podemos reducir la marcha y dejarle pasar. Nosotros le controlamos a él. ¿Alguien intenta quitarnos el aparcamiento? Se lo cedemos. Nosotros tenemos el control. Quién sabe, quizá esa persona tenga algún asunto urgente del que ocuparse. Aunque su necesidad no fuera más importante que la nuestra, puede que nuestra actitud le deje una semilla de bondad en la mente.

Esto es importante, porque vemos que las pequeñas discusiones pueden convertirse rápidamente en tragedias. A cualquier sitio que miremos, hay gente en conflicto, y los jóvenes de las zonas pobres están por lo general en primera línea. ¿Cuántas veces vemos en los telediarios noticias sobre jóvenes muertos en una zona deprimida de la ciudad y que ya percibimos como normales? Cuando eso sucede, deberíamos detenernos un momento y reconocer que a nuestros ojos ellos han perdido su humanidad. Ya no son personas para nosotros, solo una estadística más de criminalidad. Si dejamos de ver a las víctimas de la violencia como seres humanos, la guerra en las ciudades no hará sino empeorar.

Esperanza frente a aburrimiento

Colaboro en muchas iniciativas para combatir la violencia juvenil, y un reto presente en todas ellas lo constituye la desesperación que siente la gente. ¿Quién puede parar la violencia? Todos juntos. El esfuerzo empieza con cada uno de nosotros. La policía, los políticos, las organizaciones comunitarias, los ciudadanos y los niños mismos, todos tenemos que comprometernos. Todos somos seres humanos y todos tenemos que encontrar la esperanza dentro de nosotros. Tú y yo también necesitamos encontrar la esperanza dentro de nosotros.

Si los jóvenes no ven la esperanza de sentirse alguna vez conectados con la comunidad, de tener un empleo y una buena casa, de tener oportunidades, de ser respetados y amados, se apartan de la sociedad. Pero lo que es aún más importante, se apartan de sí mismos. Quien no se ama a sí mismo, ¿por qué va a amar a otra persona, en particular si siente que podría perjudicarla? Esos jóvenes terminan peleándose con todos porque están peleándose consigo mismos.

En el interior de esos críos hay un tremendo ruido de aburrimiento. Nuestro reto es ayudarlos a ver que *hay* algo que ellos pueden controlar, sentir y atesorar. Está dentro de ellos. Y cuando conectan con ese sentimiento de amor en sus corazones, pueden cultivar ese sentimiento por la gente que les rodea. De esta manera la paz interior tiene algo poderoso que ofrecer a todo el mundo.

Asuntos familiares

Tenemos que plantearnos las decisiones que toma la gente joven, por qué las amistades con desconocidos son más importantes para ellos que las relaciones con sus familiares. A veces parece que la familia no tiene tiempo para los hijos. Todos parecen tener otras cosas que les absorben la atención. A veces la versión parental de dar la responsabilidad a los niños es dejarlos que sigan con su vida. ¿Y qué ocurre?, que se sienten solos y buscan relacionarse con las pandillas. Los jóvenes necesitan desesperadamente sentirse aceptados en esa nueva familia y son capaces de matar a alguien como prueba de iniciación.

Los gobiernos tienen que apoyar a la familia. Las empresas tienen que apoyar a la familia. Pero, sobre todo, nosotros tenemos que apoyar a la familia. ¿Y qué podemos hacer todos para empoderar a la familia? Empezar por la propia.

Una sonrisa impactante

La cárcel es el destino para muchos jóvenes que están perdidos para sí mismos y para la sociedad, y también para los no tan jóvenes que se ven empujados a la delincuencia. El programa PEP se creó originalmente para ayudar a aquellos que están en prisión, para reconectarse consigo mismos, para descubrir sus recursos interiores y sentir la paz personal. Puede cambiar completamente cómo los reclusos entienden quiénes son, transformando su experiencia tanto dentro como fuera de los muros de la cárcel. El programa ha demostrado ser útil para los trabajadores de las instituciones que apoyamos.

No se me ocurrió que entraría nunca en tantas prisiones de alta seguridad. Pueden ser unos lugares muy deprimentes, la verdad, pero siempre constituyen una experiencia extraordinaria. No puedo evitar sentir que la prisión es en realidad una pequeña réplica del mundo, un microcosmos. Ahí dentro te encuentras con todo tipo de personas.

En mi infancia oí hablar a mi padre sobre la conversación que mantuvieron Krishna y Arjun en el campo de batalla. Fue en mi primera visita a una prisión cuando comprendí cómo pudo desarrollarse aquella conversación. La cacofonía y la sensación de desplazamiento allí dentro es otra cosa. No hay atmósfera de paz en ninguna prisión de las que he conocido. Pero cuando entro en esos lugares, a menudo me encuentro con lo que solo puedo describir como la forma de sonrisa más impactante: impactante porque los reclusos están viviendo en un entorno de lo más deprimente —y puede que estén ahí durante muchos años— y, sin embargo, son capaces de expresar una tremenda energía positiva.

Durante una visita me di cuenta de cuánto control pierde la gente cuando termina allí dentro. En el amplio mundo exterior puede que afrontaran toda suerte de presiones, pero al menos tenían su hogar. Por muy destartalado o problemático que fuera, era un lugar que consideraban suyo. Entre rejas han perdido hasta eso. Son los dueños de nada. La prisión controla su entorno y su horario; los carceleros tienen el poder; y sus compañeros reclusos pueden ser fuente tanto de competición como de problemas. Vivir entre muros, rejas y alambradas es desagradable, sin duda, pero vivir encerrado con individuos que viven vidas inconscientes debe de ser increíblemente difícil. Al final, por muy terrible que sea el entorno físico, son las personas las que hacen que la prisión sea espantosa para todos.

¿Qué puedo decir a alguien en esa situación? Solo esto: «No puedo sacaros de ahí, pero puedo ayudaros a que seáis libres en vuestro interior». Les digo a los reclusos directamente: «Aquí podéis experimentar la paz. La paz interior no tiene que ver con lo que tenéis o no tenéis. Claro, todos preferís la libertad y una casa confortable a vivir en una celda; pero la paz no está ahí fuera, está en vuestro interior».

Cuando los reclusos entienden esto, se dan cuenta de que tienen elección: pueden elegir conectar con la paz, el amor y la autoestima que albergan en su interior o no. En la cárcel tener elección puede ser increíblemente liberador. Elegir es una especie de poder. Los reclusos pueden sentirse aislados y amenazados; ser capaz de tener acceso a un lugar que ofrece alegría, serenidad y claridad es un salvavidas. Menudo cambio es darse cuenta de que hay un lugar al que puedes ir y donde siempre eres el número uno, al que perteneces, donde puedes sentir desahogo, donde experimentas quién eres de verdad.

Los reclusos a veces hablan de cómo el PEP les conecta con todo lo bueno que tienen en su interior. Uno me dijo: «Tu mensaje resuena en mi corazón. Estoy descubriendo mi poder, mi amor, mi naturaleza, mi paz, mi alegría, mi talento artístico». Esa sonrisa que los reclusos comparten conmigo me dice que entienden algo de lo que el autoconocimiento puede proporcionar, y que están eligiendo la paz.

¿Qué podemos cambiar?

Una vez que la pesada puerta se cierra tras ellos, muchos prisioneros se culparán unos a otros de su difícil situación. Hacer responsables a los demás es una forma de venganza, y continúa el ciclo de la desesperación. Esto no solo ocurre con los prisioneros, por supuesto, la gente lo hace en todas partes.

El día en que un prisionero empieza a mirarse a sí mismo, algo muy profundo sucede. Se da cuenta —quizá por primera vez— de que tiene más poder del que pensaba. Finalmente entiende que no puede cambiar el sistema de justicia. No puede cambiar a los jueces. No puede cambiar al carcelero. No puede cambiar a sus compañeros reclusos. No puede cambiar sus antecedentes penales. No puede cambiar la historia. Pero puede cambiarse a *sí mismo*. ¡Qué revelación!

Este cambio de desesperanzado a empoderado es muy importante, porque son los individuos los que constituyen la sociedad, no la sociedad la que constituye al individuo. Progresamos juntos de persona en persona, incluidos los que están en la cárcel. A menos que los individuos de una sociedad sean fuertes, esa comunidad siempre tendrá debilidades. Si los individuos no pueden cambiar, entonces la sociedad está en un apuro. Una y otra vez, en prisiones de todo el mundo —y con excombatientes también—, he visto que la paz es posible.

¿Hay que ser abierto de mente para conectar con mi mensaje? No lo sé; quizá es suficiente con estar dispuesto a escuchar. Lo que sí sé es que a la primera sesión del PEP vinieron unos cuantos reclusos porque les dijeron que les darían un bolígrafo y una libreta. Pero ya que estaban allí empezaron a escuchar —a escuchar *de verdad*— y eso les cambió la vida.

En las cárceles veo a guerreros que van ganando la guerra interior, y es conmovedor estar en su compañía. El PEP les da una estrategia sencilla para ganar esa guerra interior, y un poderoso ejército de fuerzas interiores preparadas para luchar del lado de la paz. Algunos reclusos están entre rejas de por vida y saben que es posible que nunca regrese a su prisión, pero me dan las gracias porque, por fin, han experimentado lo que es vivir en paz.

Libérate a ti mismo

A veces salgo de una prisión y regreso al mundo exterior, con recuerdos de reclusos sonrientes, y me encuentro con gente «normal» bastante infeliz. Estar separado de la paz interior es una terrible condena, ya te encuentres dentro o fuera de la cárcel. Miedos, expectativas y prejuicios: son como muros, puertas y rejas. Y la persona que te está haciendo la vida desgraciada dentro de esa prisión eres *tú*. No hay posibilidad de libertad condicional a menos que elijas hacer que el cambio suceda por ti mismo. La prisión más dolorosa es la prisión interior. La guerra más violenta es la guerra interior. El perdón más liberador es el perdón interior. La paz más poderosa es la paz interior.

Sean cuales sean tus circunstancias —dentro o fuera de una cárcel— hoy es el momento de reconocer que tú creas tu propio sentido de la libertad. Puede que nuestra vida esté lejos de ser perfecta, pero todos podemos sentir paz interior dentro de nosotros *si elegimos hacerlo*. No infravaloremos la escala de transformación que tiene lugar cuando conectamos con nuestro verdadero yo; cuando nos liberamos para experimentar la paz interior.

Sobre ese tema de experimentar la verdadera paz interior, aquí va un relato que conté cuando hablé para los reclusos de la prisión estatal de Domínguez, en San Antonio (Texas) hace unos años. Les conmovió, y creo que tiene algo que decir cuando corremos el peligro de olvidar el poder que llevamos dentro.

Bueno, pues una vez se dio una competición entre el viento y el sol. ¿Quién es mejor? El sol dijo: «Sabes que soy el que soy». Y el viento respondió: «Sí, y yo creo que soy mejor que tú. Y así es como vamos a resolver esto: ¿ves a ese hombre que camina? Lleva puesta la chaqueta y apuesto a que, con mi poder, puedo hacer que se la quite».

El sol dijo: «Claro, hazlo». Entonces el viento empezó a soplar. Y cuanto más soplaba, más se aferraba el hombre a su chaqueta. Y sopló con más fuerza aún, y él se aferró aún más, y más, y más. Y volvió a soplar otra vez, pero el hombre se apretaba la chaqueta con tanta fuerza que al final el viento se cansó y se rindió.

Entonces llegó el turno del sol, y lo único que hizo fue brillar. Y con el calor del sol, el hombre se quitó la chaqueta porque estaba más cómodo. Seamos quienes seamos y estemos donde estemos en el mundo, dentro de cada uno de nosotros hay un sol esperando a brillar. Dejemos que lo haga.

09

Unas notas sobre el amor

Cuando nací, me pusieron de nombre Prem. En hindi significa «amor», una forma incondicional de amor que se da sin expectativas. Por eso el tema de este capítulo me resulta particularmente cercano.

El amor llega de muchas maneras e influye en muchos aspectos de nuestra existencia. Nos lleva a los niveles de experiencia más altos y más bajos y afecta a todos los sentimientos. Pero hay modos de pensar y sentir que contribuyen a hacerlo glorioso y constante, y no una tormenta de placer y dolor que cae sobre nosotros de vez en cuando.

En las páginas siguientes haré unas cuantas observaciones personales sobre el amor y añadiré frases maravillosas de algunos poetas. Como te puedes imaginar, no me interesa tanto el amor como algo que se proyecta en los demás, o en el mundo exterior, sino más bien cómo experimentamos el amor dentro de nosotros mismos. Cada parte es una «nota» independiente. Pretenden ser como fases de una conversación: puntos de partida más que conclusiones.

El amor no necesita razones

Para existir, el amor no necesita razones externas. Las expectativas cambian. Los deseos cambian. Así pues, las relaciones cambian también. Pero el verdadero amor está siempre en nuestro interior. No podemos dárselo a nadie ni exigir a nadie que nos lo dé. El amor es un poder interior. Una gracia interior. Una belleza interior.

El amor es completo por sí mismo

¿Cómo da sombra un árbol? No tiene que hacer nada. Solo es lo que es y, siendo eso, ofrece resguardo. ¿Pregona el río que puede satisfacer la sed o proporcionar peces? No, solo discurre, y la gente encuentra en él lo que necesita. ¿Pide el viento respeto por hinchar las velas de los barcos? No, sencillamente sopla. ¿Cómo puedes ayudar a los que amas? Siendo *tú* mismo.

El amor es sencillo

Unos versos del poeta indio Kabir.

> En el mercado
> le deseo lo mejor a todos.
> Nadie es amigo mío.
> Nadie es mi enemigo.

> El amor puede ser tan simple como eso.

El amor es un fuego

Si has visto alguna vez una clase de yoga, sabrás que mucha gente tiene problemas para mantener el equilibrio. «¡Buscad vuestro centro!», dice el profesor mientras las filas de alumnos se tambalean sobre una pierna. También puede resultar difícil encontrar nuestro equilibrio emocional, pero puedo decirte dónde está el centro: en el corazón. El corazón es tu verdadero hogar.

Cuando nos sentimos perdidos, es porque se nos ha olvidado el camino de vuelta a nuestro corazón. Y entonces nos desorientamos. La palabra «foco» viene del término latino que designa el lugar con chimenea donde se enciende el fuego, que es el corazón de la casa. Cuando notamos ese fuego en nuestro interior, sabemos que estamos en casa; sabemos que sentimos amor.

El amor resplandece

Cuando el sol y la luna se encuentran en el lugar adecuado, actúa la magia y la luna brilla. Cuando mostramos agradecimiento por lo que tenemos, resplandecemos con el amor a la vida misma. Todos contamos con este potencial.

El amor está en el interior

Aquí van dos pequeñas composiciones de la extraordinaria santa hindú Lalla Ded, que vivió en la Cachemira del siglo XIV y desafió las convenciones sociales dejando el hogar conyugal para ir en busca de la divinidad, haciéndose poeta y cantante nómada.

Apasionada,
llena de deseo,
busqué
por todas partes.

Pero el día que el Verdadero
me encontró,
yo estaba en casa.

*

Eres la tierra, el cielo,
el aire, el día, la noche.

Eres el cereal,

la crema de sándalo,

el agua, las flores, y todo lo demás.

¿Qué podría yo llevarte

como ofrenda?

El amor vive en el momento

No hace mucho tiempo estaba yo trabajando y al mismo tiempo escuchando una canción inspirada en un poema de Kabir. La letra y la música eran tan fantásticas que tuve que interrumpir lo que estaba haciendo en el ordenador portátil y me dejé llevar por el momento. En el poema Kabir decía: «No pospongas la satisfacción para mañana, consíguela ahora. Si tienes sed, bebe ahora. Si tienes hambre, come ahora».

Solo podemos vivir en este momento llamado ahora, así que solo podemos amar en este momento llamado ahora. Si pensamos en el amor como algo solo del pasado, puede que lo perdamos en el presente. El amor no tiene futuro, es ahora o nunca. En cambio, podemos abrir nuestro corazón al momento y encontrar algo divino: no la fantasía de sentirse amado mañana, sino la experiencia real de sentir el amor en nuestro corazón hoy.

El amor fluye

Así como no podemos controlar las mareas, tampoco podemos controlar el flujo del amor. Va adonde le parece bien. Y le parece bien allí donde se le acepta.

El amor canta suavemente

Ahí va una variante de un cuento escrito por Hans Christian Andersen. El original estaba inspirado en el amor no correspondido que el escritor sintió por una cantante de ópera llamada Jenny Lind, conocida como «El Ruiseñor Sueco».

Bueno, pues había un rey a quien le gustaba muchísimo el canto del ruiseñor. Al anochecer, abría la ventana, y un ruiseñor se posaba en el alféizar y cantaba para él. Esos momentos le suscitaban una gran alegría en el corazón.

Un día, otro rey le envió un ruiseñor automático. El primer rey estaba encantado. «¡Vaya! ¡Qué buen regalo!», pensó. «Ahora ya no tengo que esperar a que el otro venga por la noche. Lo único que debo hacer es darle cuerda a esto y ya está».

Así que él dejó de abrir la ventana y el ruiseñor dejó de ir.

Estaba entusiasmado con aquel pájaro mecánico que cantaba a su voluntad a cualquier hora del día. Y qué bonito era, con su oro y sus adornos de diamantes.

El rey le hacía cantar cuando se le antojaba, y el artefacto siempre obedecía. Cada vez le hacía sonar más tiempo. Sin embargo, cuanto más le oía, menos le satisfacía su música. Aun así seguía requiriendo aquel canto mañana, tarde y noche.

Pero un día el ruiseñor mecánico se estropeó. Se lo llevaron a los artesanos más habilidosos del reino, mas ninguno pudo arreglar el mecanismo.

Al poco tiempo el rey cayó enfermo. Deseaba con todas sus fuerzas que el pájaro mecánico cantase para él. Sin su música, había un horrible silencio. Estaba postrado en la cama y no le consolaba nada de lo que le decían los cortesanos. Las gentes de aquella tierra sentían una gran tristeza y temían que fuese a morir.

En un momento determinado, el rey ordenó a sus soldados que fuesen a buscar al ruiseñor del bosque, el que antes iba a cantar para él, pero no lo encontraron.

Una noche, cuando ya estaba todo en silencio en el palacio, el rey se acercó a la ventana, la abrió y miró hacia el bosque. Quería que volviese el ruiseñor de verdad. Le llamó, hablándole tiernamente: «¡Ruiseñor, ven, por favor! Sé que hice mal. Eres libre de ir y venir cuando quieras, eso hace tu canto aún más hermoso. Tú no estás a mi disposición, sino yo a la tuya, pero, ¡por favor, ten compasión de mí!».

Aquella tarde, justo después de ponerse el sol, oyó un aleteo en el exterior. El ruiseñor bajó hasta el alféizar y empezó a cantar. El rey no cabía en sí de contento.

«Gracias por venir», le dijo el rey.

«Gracias por abrir la ventana», respondió el ruiseñor.

Ama lo que está

El filósofo estoico Epicteto decía: «Si suspiras por tu hijo, tu amigo o tu pareja cuando no puedes tenerlos contigo, debes saber que es como desear un higo en invierno». Esto podría parecer un poco insensible por parte de Epicteto, pero hay buena intención en su filosofía. A veces la ausencia, la pérdida y el rechazo son tan dolorosos que nos escudamos imaginando las cosas como nosotros queremos que sean. Es una forma de autoprotección, pero el dolor sigue cuando el espejismo se desvanece.

Si vemos la realidad claramente, apreciaremos lo que está y no nos distraeremos con lo que no está. Desistiremos de desear ese higo en invierno y, en cambio, amaremos lo que tenemos ya.

El amor es inquebrantable

Mirabai, a quien algunos conocen como Meera, nació en el siglo XVI en la India y adoraba a Krishna. Muchos la consideran una gran santa. Compuso conmovedores poemas, que generalmente expresan sus sentimientos, la profunda unión espiritual y emocional con su musa, la divinidad Krishna y el dolor de estar separada físicamente de él. Sus bhajans —cantos devocionales— superan el ámbito de la simple devoción. Escritos en pareados, son canciones de las que cualquiera podría beneficiarse. Para Mirabai, el amor es dar, no recibir y, cuando existe verdadero amor, dos corazones se hacen uno. Su vida fue

bastante singular —la familia de su marido la instó varias veces a que se suicidara, por ejemplo—, pero podría ocupar las
páginas restantes de este libro. Me limitaré a incluir una de sus
expresiones de amor.

Inquebrantable, oh, Señor,
es el amor
que me une a ti:
igual que un diamante
rompe el martillo que lo golpea.

Mi corazón está contigo
igual que el brillo con el oro.
Así como el loto vive en el agua,
vivo yo en ti.

Como el ave
que observa toda la noche
el paso de la luna,
me he quedado absorta pensando en ti.

Vuelve, amor mío.

El amor no siempre es fácil

Hace muchos años fui a Cerdeña con mi familia. Un día al salir del coche que habíamos alquilado, mi hijo —que entonces era pequeño— cerró la puerta de golpe y me pilló un dedo. No sé si habrás experimentado algo similar, pero duele de verdad. Cuando miré a mi hijo, vi que a él también le dolía solo que de un modo diferente. Su cara expresaba claramente lo que estaba pensando: «Pero ¿qué he hecho?».

Comprendí que, aunque me doliera el dedo, no tenían por qué dolerme los sentimientos también. ¿De qué serviría quejarse de dolor y estar enfadado con el niño? Le miré a la cara y pensé: «Puedo restarle sufrimiento con mi reacción», así que dije: «Necesito dar una vuelta, ¿por qué no vienes conmigo?».

Fuimos juntos a pasear y él no dejaba de preguntarme: «Papá, ¿está bien el dedo?».

«Sí, está bien, está bien», le decía. Una mentira piadosa. Me temblaba la mano del dolor que sentía, pero no había necesidad de que él lo supiera.

Tengo que ser sincero; me costó un esfuerzo consciente increíble —de verdad increíble— hacer lo que hice. Una parte de mí seguía queriendo gritarle: «¿Por qué tuviste que hacer eso?».

¿Me dolía más o menos por el hecho de no haber montado una escena? No, el dolor físico era el mismo, pero el emocional pasó enseguida. No siempre es fácil, pero elegir conscientemente la opción amable supone un giro interno hacia el amor.

Quiérete a ti mismo primero

A veces buscamos a los otros para llenar lo que experimentamos como un vacío interior. Veo a amigos míos cuidando de todo el mundo excepto de ellos mismos. Algunos tienen tanto miedo de estar solos que cifran su bienestar en procurar la felicidad de los demás. Pero si no nos queremos a nosotros mismos, ¿por qué habría de valorar nuestro amor cualquier otra persona? Tenemos que querernos nosotros primero.

El amor está en tu corazón

Unas frases del poeta Rumi:

En cuanto oí una historia de amor por primera vez, comencé a buscarte, sin saber que no era ese el camino.

Definitivamente, los amantes no se conocen en un sitio, están el uno en el otro todo el tiempo.

El amor es real

Unos versos de Rabia al Basri (siglo VIII), a quien algunos consideran el primer santo verdadero de la tradición sufí:

En el amor no existe nada entre corazón y corazón.
Las palabras nacen del deseo,
la descripción fiel de los verdaderos sentimientos.
El que siente, sabe;
el que explica, miente.
¿Cómo puedes describir la verdadera forma de algo

en cuya presencia te ocultas,

de cuyo ser formas parte,

y que vive como señal de tu viaje?

El amor está por encima de las palabras

Puede que nos conmueva lo que la gente dice y escribe sobre sus experiencias del corazón. Y que enmarquemos primorosamente en nuestra memoria la presencia del amor mediante el lenguaje que usamos. Recordemos las tiernas y reveladoras palabras que se les ocurren a los amantes en esos primeros, y a veces frágiles, tiempos de una relación. Piensa en las promesas que se hacen en las bodas. Piensa en los sabios consejos que se dan a los hijos. Piensa en los elogios que dedicamos a familia y amigos. Piensa en los discursos que los grandes líderes dirigen a sus pueblos. Piensa en los sentidos panegíricos en los funerales...

Y sin embargo, en su forma más pura, el amor trasciende el lenguaje. Cuando profundizamos en nuestro ser, las palabras se disipan. En nuestro viaje hacia dentro llegamos a un estado superior al tiempo, a los números, a las imágenes, a las ideas, a las definiciones, a las etiquetas, al lenguaje. En este universo interior de paz podemos encontrar la más perfecta sensación de amar y ser amado.

Ama tu vida

En todo momento se nos ha dado la gran oportunidad de experimentar y apreciar el regalo de la existencia. Ahora podemos pasar de la oscuridad a la luz de la gratitud y sentir que la vida fluye en nosotros. Cuando hacemos esto, amamos lo que *está* ahí para nosotros. Cada día podemos decidir amar la respiración. Amar la alegría. Amar la claridad. Podemos enamorarnos de la vida.

Con cada bocanada de aire que entra y sale podemos aceptar la gracia de la vida. Cuando esto ocurre, nuestros corazones se llenan de gratitud, y eso produce más amor. Y así se origina un ciclo que evoluciona continuamente hacia adelante.

No elegimos que el aire llegue, pero sí podemos decidir amar cada bocanada. ¿Y cuál es el efecto en nuestro cuerpo de esa decisión? Pues que empezamos a sonreír.

Decidamos amar.

10

Cielo e infierno

Un hombre caminaba por el acantilado de una alta montaña, cuando tropezó y cayó al precipicio. En el descenso, fue capaz de agarrarse a la rama de un arbolito que crecía en la pared. Aferrado a la rama, miró hacia abajo y vio que el suelo le quedaba muy lejos. Miró hacia arriba y comprendió que sería imposible trepar hasta un lugar seguro porque la pared era vertical y no había puntos de apoyo. Entonces empezó a sentir cansancio en los músculos de los brazos.

El hombre se desesperó. Parecía que los brazos se le volvían cada vez más pesados, cada vez más débiles. Finalmente, cuando estaba a punto de soltarse, gritó: «¡Dios mío, ayúdame, no quiero morir! ¡Ayúdame!».

De pronto se oyó desde arriba una voz atronadora: «Vale. Como prueba de fe, suéltate de la rama, y yo te salvaré».

El hombre miró primero hacia lo alto y después al suelo, bajo el acantilado, y gritó: «¿Hay alguien más ahí arriba?».

Echarle monedas a Dios

Hay un aspecto de este chiste del que me ocuparé después. Antes, necesito hablarte un poco de mis antecedentes religiosos. De niño aprendí algunas cosas de las diferentes sociedades y religiones del Himalaya, y de cómo la fusión de culturas traía desde las montañas toda una gama de creencias, entre las cuales estaban el sufismo, el budismo y el sijismo. En la escuela, también conocimos el catolicismo. Pero, durante la mayor parte del tiempo, viví en medio de la extraordinaria devoción hinduista.

En efecto, mi madre era una ferviente hindú, pero mi padre estaba libre de convicciones absolutas porque él quería saber y no simplemente creer. Había pasado su vida primero buscando la sabiduría y luego hablando de ella. Según él, no se encontraba en los libros ni estaba grabada en las piedras.

Cuando salíamos de la ciudad para hacer algún viaje en familia, encontrábamos templos al lado de la carretera. Era habitual que la gente bajase la ventanilla del coche y arrojase una moneda para Dios; entonces alguien que pasaba por allí recogía las monedas y las llevaba al templo, aunque yo sospechaba que algunas veces el dinero terminaba en sus bolsillos.

Cuando pasábamos por un templo en particular, mi madre arrojaba siempre una moneda, y mi padre le decía: «¿Por qué haces eso?». Ella respondía: «Para ir al cielo». Y mi padre replicaba: «Dame *a mí* el dinero y yo me aseguraré de que vayas allí». Pero ella hacía un gesto con los ojos, dirigiéndolos hacia arriba, y tiraba la moneda por la ventana, siguiendo los dictados de su devoción.

Yo me sentaba en la parte de atrás y, a medida que me hacía mayor, estos diálogos iban dándome que pensar. Por una parte, entendía las aspiraciones de mi madre, pero cada vez me daba más la sensación de que ella simplemente imitaba lo que los demás hacían. (Era similar al aprendizaje memorístico al que me refiero en otra parte de este libro). De cualquier manera, ¿no hay algo raro en *tirarle* monedas a Dios? ¡Por lo menos que se haga con el coche parado!

Como te puedes imaginar, el escepticismo de mi padre le provocó conflictos con muchos creyentes convencionales. Una vez fue a visitar un santuario; había muchos devotos allí, y uno de ellos estaba de pie sosteniéndose solo en una pierna y rezando en silencio. Había un letrero que explicaba que el hombre llevaba muchas semanas en aquella posición y que no había pronunciado ni una sola palabra. Mi padre se acercó a él y dijo: «¡Oh, Dios, ¿para qué le diste a este hombre una segunda pierna? No la usa. ¿Y para qué le diste la boca? Tampoco la usa». El tipo se disgustó mucho y gritó: «¿Cómo te atreves a decir eso?». Y se apoyó en las dos piernas.

¿Tú qué *eres*?

La gente me pregunta con frecuencia por mis creencias religiosas. «¿Tú qué *eres*?», me dicen, y yo contesto: «Antes de nada, soy un ser humano». La verdad es que no me entusiasma el modo en que la gente ha aprendido a definir sus creencias. En cuanto alguien responde a la pregunta «¿qué eres?» con un adjetivo —hinduista, cristiano, musulmán, judío, sij, budista, ateo, jainista, taoísta, sintoísta, bahaí, etcétera—, parece que cae en torno a él una jaula de rígidas expectativas. Lo que debería ser el punto de partida de una conversación entre dos mentes abiertas puede convertirse en un monólogo de la persona que preguntó: «¿Qué eres?». De todos modos, no sería más interesante preguntar: «*¿Por qué eres?*».

No te sorprenderá leer que mi actitud religiosa está más cerca de la de mi padre que de la de mi madre. La divinidad es increíblemente importante para mí —lo ha forjado todo en mi vida—, pero no me siento *religioso*.

A lo largo de los años he conocido a muchas personas de distintas tradiciones espirituales, y algunas de ellas me han parecido profundamente reflexivas. Sé que la espiritualidad ha sido una fuente de alegría y ayuda para algunos amigos míos. He disfrutado y aprendido con elocuentes conversaciones sobre la divinidad con muchos creyentes, pero no comparto la fe de nadie en un cielo «de allí arriba». Me interesa más lo divino que hay en mí, aquí abajo.

Una vez, durante una visita a Asia, me di cuenta de que muchos templos se encontraban en lo alto de las montañas y me quedé pensando en cuál sería la razón. La gente está abajo; ¿no deberían estar abajo también los templos para poder ir a ellos con mayor facilidad?

¿Quién es más grande que Dios?

Hay un montón de historias ingeniosas en India sobre temas espirituales. Entre ellas, me gusta una especialmente. Es de los tiempos de Akbar y Birbal.

Un día, a la corte del emperador indio Akbar llegó un poeta que cantaba y recitaba hermosos poemas. El emperador se puso muy contento, sobre todo porque las letras se referían a lo magnífico que era él. Akbar le dio una joya al poeta, y este compuso otros versos que eran incluso más elogiosos que los anteriores. Akbar le obsequió con más joyas, y cada nuevo poema decía cosas más estupendas del emperador.

El poeta se sorprendió a sí mismo un día diciéndole a Akbar: «Eres el más grande, eres maravilloso, eres buenísimo» y cosas así. Pero empezó a preocuparse porque se le acababan las alabanzas, así que aquella tarde, de buenas a primeras, exclamó: «¡Y eres más grande que Dios!».

Todos los presentes contuvieron el aliento. Hasta aquel momento, los cortesanos habían dicho: «¡Sí!, ¡Sí!, ¡Sí!» a todos los poemas porque no querían contrariar a Akbar de ninguna manera, pero cuando el poeta dijo: «¡Eres más grande que Dios!», se quedaron consternados. No podían estar de acuerdo con aquello.

Akbar miró a su alrededor y dijo: «¿Así que realmente soy más grande que Dios?».

Nadie se atrevió a contestar. Un «sí» significaría que les cortarían la cabeza. Un «no» también significaría que les cortarían la cabeza.

Se había hecho el silencio en la sala. Entonces la gente miró al cortesano más inteligente y agudo, Birbal. Siempre había tensión entre Birbal y los otros consejeros porque él era muy listo y los demás le envidiaban su relación con el emperador.

Finalmente habló uno de los cortesanos: «Majestad, quizá Birbal pueda responder esa pregunta».

«Buena idea», contestó el emperador. «Dime, Birbal, ¿verdaderamente soy más grande que Dios?».

Birbal se quedó pensando un momento y luego dijo: «¿Puedo daros la respuesta mañana?».

El emperador parecía un poco impaciente, pero respondió: «Sí, puedes».

Al día siguiente volvió a reunirse la corte, y allí se presentó Birbal. Los otros cortesanos estaban frotándose las manos pensando: «¡Ya está! Si dice que sí, está perdido. Si dice que no, está perdido».

«A ver, Birbal», dijo el emperador, «¿has llegado a una conclusión? ¿Soy más grande que Dios?».

«Majestad», respondió Birbal, «yo no sé si sois más grande que Dios, pero hay una cosa que vos podéis hacer que Dios no puede».

El emperador se quedó atónito. «¿Cómo? ¿Que hay una cosa que yo puedo hacer y Dios no?».

Y Birbal dijo: «Si vos queréis echar a alguien de vuestro reino, podéis hacerlo; pero si Dios quisiera echar a alguien, ¿adónde iría ese alguien?».

Y eso es lo que nos ocurre a todos en nuestro interior. Todos —independientemente de nuestras creencias, acciones o educación— somos bienvenidos en el reino de lo divino. A nadie lo echan de allí.

La divinidad interior

Si eres una persona espiritual, tienes derecho a creer en lo que quieras. Yo respeto la libertad de cada cual de crear una relación con *su* divinidad o de no tenerla en absoluto. Mi divinidad es la energía que ya existía antes que nosotros, que existe a nuestro alrededor y que seguirá existiendo después de nosotros. Aquí comparto unas palabras del poeta indio Kabir a propósito de esto:

Así como hay aceite en la semilla de sésamo,
como hay fuego en la piedra,
la divinidad está en ti.
Si puedes, toma conciencia de ello.

El tiempo del ser humano en la tierra llegará a su fin. El tiempo de este planeta se acabará. Las estrellas que vemos iluminando el firmamento desaparecerán. Pero la divinidad sin forma seguirá existiendo. Durante el tiempo que estamos vivos, se mueve a través de nosotros, y en nuestro interior tiene lugar un prodigio increíble: con cada respiración fluye una energía que nos permite *ser*. Esa es *mi* divinidad.

Mi divinidad es benevolente, no porque conceda mis deseos sino porque posibilita que exista el universo. Y en esa posibilidad hay benevolencia. No es una divinidad que rija en el cielo, por encima de las nubes, sino que proporciona la opción de un cielo para cada criatura, durante toda la existencia.

Mi divinidad está por encima de ser buena o mala: simplemente es. Para apreciar esto realmente tienes que mirar a través de sus ojos, de los ojos de la divinidad que tienes en tu interior. No tiene atributos humanos. Tú no eres divinidad, pero no está separada de ti. Cuando se pone té en la tetera, el té sigue siendo té y la tetera sigue siendo una tetera. El recipiente no está hecho de té, pero lo contiene en su interior. Tú eres un recipiente que contiene divinidad.

Hay diferentes ideas de lo que es bueno y lo que es malo para nosotros, pero debemos dejar que se disipen si queremos experimentar la divinidad que llevamos dentro. Debemos movernos desde la mente al corazón. Vamos cargados de suposiciones y expectativas, pero para encontrar la divinidad no se pueden emitir juicios. La divinidad es algo que está por encima del dolor y el placer, de las ideas y los conceptos, de lo bueno y lo malo, de las convicciones. Aunque tenemos problemas hasta para comprender cómo sería estar libre de prejuicios.

El cielo empieza para nosotros cuando nos libramos de certezas, condiciones, dudas y conceptos, y sentimos la sencillez de la perfección. Está ahí cada vez que respiramos. Darnos cuenta de todo esto y conectar con la divinidad interior es entender de verdad el contexto de la vida. ¿Puede un ser humano alcanzar este entendimiento? ¿Puede un ser humano experimentar la divinidad? No es una tarea fácil. Es casi imposible. Pero es *posible.*

Encontrar la divinidad

Este mundo es muy grande y tiene muchos habitantes, cada uno de los cuales tiene sus propias ideas sobre qué es la vida, lo que significa y cómo se ha originado. Miles de civilizaciones han existido antes de nosotros y esperemos que haya otras muchas en el futuro. Cada cultura tiene su propia perspectiva de la fe, pero siempre hay una oportunidad de armonizar la paz interior con las creencias religiosas. En general, las religiones hablan de un cielo que está arriba, y yo hablo del cielo de aquí abajo. Para mí, ahí es donde encontramos la divinidad.

Yo no necesito confortarme pensando en una vida después de esta, aunque entiendo y respeto que otros lo hagan. Sí que tengo la necesidad de conectar con el infinito sentimiento de paz de que disponemos aquí y ahora. Siempre quiero experimentar lo divino que hay en mí, en mi corazón. Tulsidas, santo y poeta indio del siglo XVI, escribió así:

Solo los santos que conocen el corazón del cuerpo han alcanzado el Absoluto, ¡oh, Tulsi!

Date cuenta de esto y habrás encontrado la libertad, mientras los maestros atrapados en la tradición solo conocen el espejismo.

Ver la divinidad que hay en ti

Encontrar la divinidad que hay en mí es una experiencia realmente maravillosa que ha engrandecido mi vida. Conozco a muchos otros que sienten lo mismo respecto a su propia experiencia de paz interior. Pero puede que la conexión nos rehúya a veces. La divinidad puede quedar disipada cuando nos distrae el ruido de fuera y de dentro de nuestra mente. La mente nos desvía de la claridad del corazón. Pero cada uno de nosotros tiene la posibilidad de experimentar la divinidad si miramos introspectivamente. Y esto me recuerda una historia: una amable advertencia que contribuye a que nos conozcamos de verdad y no nos dejemos llevar por las expectativas de la mente.

Una vez, en lo alto de las colinas, había un pueblo muy antiguo. No contaba con electricidad ni tecnología, y muy poca gente lo visitaba. En el centro del pueblo vivían un hombre y una mujer en una bonita casa. Era una familia sencilla y feliz. El hombre tenía una habitación solo para él donde entraba todos los días a rezar durante una hora aproximadamente.

Un día pasó por allí un viajero, cosa que ocurría en contadas ocasiones y, como necesitaba refrescarse después de una ardua y larguísima subida por las laderas de la colina, dejó su mochila en la puerta de la casa y se dirigió a un río que había cerca.

El dueño de la casa salió, vio aquella peculiar mochila y la abrió. Había en ella ropa, unas botas de repuesto y también un espejo, el primero que veía el hombre. Lo sacó de la bolsa, lo miró y se llevó un sobresalto. Después entró en un estado de intensa felicidad porque había visto en el espejo la imagen a la que había estado rezando durante muchos años. Siempre había imaginado que la deidad se parecería un poco a su padre y entonces se dio cuenta de que en realidad era así. Cogió el espejo y lo puso sobre la mesa de su habitación. Ahora que podía ver la forma de la deidad, comenzó a orar durante horas y horas, noche tras noche.

La esposa notó muy pronto que su marido pasaba cada vez más tiempo en aquella habitación y empezó a desconfiar. Finalmente se le ocurrió que tal vez habría encontrado otra mujer y que la tendría allí escondida, así que un día que él se hallaba fuera entró en la estancia sin hacer ruido. Naturalmente vio el espejo, el primero que veía en su vida, y casi se desmaya. «No me sorprende que ya no salga de aquí», pensó. «¡Está completamente enamorado de esta mujer tan bella que hay en el espejo!».

Se puso furiosa, cogió el espejo y se lo llevó al sacerdote del lugar, que tenía el pelo y la barba largos y canosos, los ojos brillantes y una sonrisa radiante. Ella le contó lo que había pasado y él la escuchó con atención.

El sacerdote no había visto jamás un espejo, así que lo tomó de las manos de la mujer, lo miró de cerca y dio un salto de alegría. «Esta es la deidad a la que he estado rezando todos los días», gritó. Y se fue al templo y colocó el espejo en el centro del altar.

Cuando el hombre, la mujer y el sacerdote miran al espejo, no se reconocen a sí mismos: lo que ven son sus creencias. ¿Por qué? Pues porque si uno no se conoce a sí mismo, no puede ver quién es realmente.

Los dos monjes

Contaré otra historia que refleja la diferencia entre quien vive su devoción de un modo generoso, con mentalidad abierta, y quien no se despega del dogma vaya donde vaya. Como ocurre con muchas historias, esta tiene varias versiones; aquí va una que a mí me gusta.

Dos monjes iban andando hacia su monasterio y encontraron un río. Era el único camino posible y tenían que cruzarlo. No había ningún puente, así que comprendieron que tendrían que meterse en el agua, pero el río era profundo y la corriente muy fuerte.

Los monjes vieron junto a la orilla a una mujer muy hermosa con lágrimas en los ojos. Uno de los monjes se aproximó a ella y le preguntó: «¿Qué ocurre?».

«Pues que tengo que ir a mi pueblo, pero el río es muy caudaloso. Me asusta que me arrastre la corriente, pero tengo que pasarlo», contestó ella.

El monje dijo: «Tranquila, yo te cruzaré».

Así que la levantó, se la cargó a la espalda y atravesó el río. Al llegar al otro lado, la dejó en el suelo, ella le dio las gracias, y él la bendijo. El otro monje le siguió y ambos se dirigieron al monasterio.

El monje que no ayudó a la mujer guardó silencio durante casi todo el trayecto, hasta que llegaron a las tapias del monasterio. De repente, exclamó: «¡Lo que has hecho no ha estado bien! ¿Cómo puede un *monje* cargar a la espalda a una mujer como esa? ¿Cómo te has atrevido? ¡Yo pensaba que habías renunciado al mundo!».

El monje que ayudó a la mujer miró al otro y dijo: «Mira, yo solo la llevé a la espalda de una orilla a otra del río. Tú la has traído todo el camino hasta el monasterio».

Oraciones de gratitud

El chiste que conté al principio de este capítulo pone de relieve las tensiones que pueden producirse cuando las creencias se topan con la vida cotidiana. Por conversaciones con mis amigos sé que la fe es capaz de soportar duras pruebas. Aquellos que, más que creer en ella, sienten que *conocen* su divinidad, en general parecen particularmente seguros ante los cuestionamientos. El corazón puede ser más fuerte que la mente en ciertas situaciones. Entiendo perfectamente por qué la gente recurre a la oración cuando se enfrenta a circunstancias difíciles; en el caso del chiste, cuando el hombre desgraciado siente el comprensible deseo de aquel pobre hombre de no caerse y morir. Yo pienso que se nos podría ocurrir también rezar cuando las cosas van *bien*.

Para mí, la auténtica oración es cuando se dan gracias, no solo cuando se hacen peticiones personales. Piensa en una guerra y verás soldados de ambos bandos rogando por la victoria. Contaré una pequeña historia sobre la oración.

Un día, un joven iba en bicicleta a una importante entrevista de trabajo cuando chocó con una piedra y se perforó el neumático. «Esto es terrible», pensó, «si no arreglo la rueda, no conseguiré el empleo», y comenzó a rezar para que se solucionara su problema. A la vuelta de la esquina había otro joven sentado a la puerta de su taller de reparación de bicicletas. «Es terrible», pensaba, «si no tengo un cliente hoy, voy a quedarme sin trabajo», y comenzó a rezar.

Ya ves, la desgracia de una persona puede ser la respuesta a la oración de otra. Pero la forma de orar más profunda y poderosa es dar gracias por lo que hay, no por lo que podría haber. Según mi experiencia, siempre se obtiene una respuesta a las oraciones de agradecimiento.

Cuando damos sinceras gracias por la vida que hemos recibido, se crea en nuestro interior una maravillosa sensación de paz. La voz de nuestro corazón está preparada para cantar con gratitud, con reconocimiento de lo que es bueno y agradable en nuestra vida. He aquí una hermosa paradoja: la gratitud nos hace sentir completos, pero siempre somos capaces de más. Todos tenemos una capacidad infinita de paz, alegría y amor, ¿no es extraordinario? Hay una preciosa canción de Swami Brahmanand, un santo indio del siglo XVIII, que expresa el espíritu de la gratitud. Le canta a *su* divinidad con estas palabras:

Es asombrosa la creación que has generado,
de una simple idea has creado la vida.
Sin pluma, papel ni color has creado magnificencia.
En todo veo un rostro, de un semblante has hecho una multitud,
de una gota has creado todos los seres,
dentro de todos los templos del corazón has hecho tu casa,
sin pilares ni vigas sostienes la creación,
sin terreno has construido un palacio encantador,
sin semillas has creado todo un bosque,
vives en todos aunque oculto.
El corazón de Brahmanand se llena de un gozo inmenso
cuando el maestro me muestra tu yo escondido.

Qué apreciación tan elocuente de la divinidad interior.

Crear el cielo aquí abajo

Me gustaría que supieras que, cualesquiera que sean tus creencias, hay un cielo aquí en la tierra para ti, un cielo que apreciar y del que disfrutar de múltiples maneras. ¿Qué es el cielo? El cielo es el lugar donde uno se siente pleno. ¿Cómo es el cielo? Es celestial.

Encontramos este cielo si abrimos los ojos y el corazón hacia él; si lo percibimos en el aquí y ahora; si reconocemos lo hermoso de *estar* hoy en este planeta. Cuando nace un niño y pesa tres kilos, ¿pesa la tierra tres kilos más? No. Y cuando esa misma persona muere y tal vez pese noventa kilos, ¿pesará la tierra noventa kilos menos? No. Así es el lugar donde estamos, la tierra.

Te contaré una historia que dramatiza lo que estoy diciendo sobre el cielo (y el infierno).

Una vez, un rey tenía que combatir en una guerra y sabía que estaría en primera línea de batalla. A diferencia de algunos de nuestros líderes políticos, que pueden estar dispuestos a iniciar una guerra, pero nunca se encontrarán cerca del frente, este rey sabía que le esperaba una época sangrienta. Se pasó la noche pensando: «Podría morir. Y si muero, ¿iré al cielo o al infierno? Pero ¿qué es el cielo? ¿Y qué es el infierno?».

293

Y así toda la noche.

Por la mañana, el rey se puso la armadura, se subió al caballo y, con el ejército formado tras él, marchó hacia el campo de batalla. Durante todo el camino una parte de su mente siguió dándole vueltas a esas preguntas: «¿Qué es el cielo? ¿Y qué es el infierno?».

Mientras iba cabalgando, vio a un sabio muy venerado que andaba en dirección contraria. Se acercó al hombre y le dijo: «¡Detente! ¡Quiero hacerte dos preguntas! ¿Qué es el cielo? ¿Y qué es el infierno?».

El sabio dijo: «Llego tarde. No tengo tiempo de contestarte».

El rey se puso furioso. «¿Sabes quién soy? ¡Soy el rey! ¿No tienes tiempo para tu soberano? ¿Cómo puede ser eso?». Y se enfadó cada vez más.

El sabio miró al rey y dijo: «Ahora estás en el infierno».

El rey se paró a pensar un momento: «Sí. Tiene razón. Es verdaderamente sabio». Descabalgó, se puso de rodillas y dijo: «Gracias. Me has abierto los ojos. ¡Muchas gracias!».

El sabio lo miró y dijo: «¡Ahora estás en el cielo!».

Ya ves, solo dijo tres cosas, pero respondió la pregunta más importante para el rey. ¿Dónde estaba la curiosidad sobre cielo e infierno? En él. ¿Dónde estaba el infierno? En él. ¿Dónde estaba el cielo? En él.

Si hay en ti confusión, ira y miedo, estás en el infierno. Si hay claridad y gratitud, estás en el cielo. Así son las cosas.

Vivir en el cielo

Cuando apreciamos la importancia y el milagro de cada momento, nos acercamos a la comprensión de lo que es la inmortalidad. El momento presente es inmortal porque estamos siempre en él. Sentimos el cielo en la tierra cuando vivimos conscientemente cada instante, y eso lo conseguimos dándonos cuenta del regalo de la existencia. El culmen de la existencia es sentir realmente la paz interior; esa es la experiencia más celestial para mí.

La gloria de la paz interior es un fin en sí mismo, pero ese sentimiento de plenitud puede además hacer un cielo del mundo que nos rodea.

Cuando se vive en paz, ver aparecer los primeros rayos de sol es celestial.

Sentir el calor de ese sol que sale, trayendo el día y todas sus posibilidades, es celestial.

Oír los coros de pájaros al amanecer, cantando la dicha de sus corazones, es celestial.

Ver los rayos del sol bailando en las aguas del océano es celestial.

Ver una ballena desafiando la ley de la gravedad durante unos gozosos segundos es celestial.

Percibir el cúmulo de aromas que exhala un jardín soleado es celestial.

Sentir el viento fresco en la cara es celestial.

Beber agua bien fría en un día caluroso es celestial.

Comer fruta madura directamente del árbol es celestial.

Ver, durante el crepúsculo, cómo se hunde el sol en el horizonte, despidiéndose del día e invitándonos a descansar, es celestial.

Saber que siempre hay un amanecer y un atardecer teniendo lugar en algún sitio de este hermoso planeta es celestial.

Ver las formas de los campos matizadas por la suave luz de la luna es celestial.

Oír el ulular del búho en la oscuridad del bosque es celestial.

Ver estrellas fugaces, súbitas y sublimes, es celestial.

Ver sonreír a alguien a quien amas es celestial.

Sentirse contento es celestial.

Notar la divinidad en el aliento es celestial.

Estos sentimientos son la alegría de la vida misma; no pasos que nos llevan a otra cosa, sino la pura dicha de existir. Están ahí para que todos los saboreemos; dondequiera que vivamos, sea cual sea nuestra edad, creamos lo que creamos, seamos quien seamos.

Esta es la sensación de estar en el cielo. Entonces, ¿qué es el infierno? No estar en el cielo.

11

El yo universal

Un día, en Dehra Dun, cuando tenía 12 años, volvía yo de la escuela y me llamó la atención una extraña autocaravana aparcada delante de nuestra casa. Era una Commer, de fabricación británica, por lo que la caravana destacaba mucho comparada con todos los coches Ambassador hechos en India que estábamos acostumbrados a ver en nuestra zona. Ningún miembro de mi familia había salido nunca de India, así que la llegada de este vehículo extranjero a nuestra calle era especialmente interesante. Por aquella época, yo era un gran fan del programa de televisión *The Twilight Zone*, que trataba de misterios de ciencia ficción, aliens y esa clase de cosas, de modo que la imaginación se me desbocó. ¿Quién estaría dentro de la autocaravana Commer y por qué se encontraba allí?

Estaba lleno de curiosidad infantil y, además, era muy decidido, así que fui directo a la autocaravana y abrí la puerta. Me quedé pasmado; en la parte de atrás del vehículo, sentadas tranquilamente, había unas personas de piel muy blanca, vestidas con atuendos de lo más extraño. Hoy día simplemente pensaríamos: «¡Mira, hay unos hippies en una autocaravana!», pero por aquel entonces era casi nuevo para mí *todo* lo que tenía que ver con aquellos visitantes. Llevaban una peculiar combinación de ropa india y occidental, y todos tenían el pelo largo. Era un espectáculo increíble, pero nada comparado con el olor. Salía del vehículo un intenso efluvio de cuerpos sudorosos, incienso y un montón de otros ingredientes que obviamente habían sido mezclados durante un larguísimo y caluroso viaje. Retrocedí un poco e intenté asimilar la información que me proporcionaban los ojos y la nariz.

Uno de ellos me miró con atención y movió los dedos en un gesto de saludo. Creo que yo hice algo con la mano como respuesta, pero mi cerebro estaba todavía procesando la escena. Poco a poco, la extrañeza del encuentro fue dando paso a una sensación bastante agradable de: «Vale, hay aquí unos forasteros evidentemente muy distintos a nosotros, pero que parecen seres humanos amistosos».

Después de un rato empezamos a conversar con esos hombres y mujeres y resultó que habían ido a verme a mí. Querían conocer al chico que hablaba con el corazón sobre la paz interior. Durante los días siguientes me hicieron muchas preguntas que yo respondí como mejor pude. A medida que profundizaba el diálogo, iba creciendo el respeto mutuo. Las preguntas me las hacían en inglés, pero realmente no eran muy diferentes de las que me hacían los indios todo el tiempo.

Cruzar barreras

Los visitantes occidentales se quedaron una temporada, además de otras occidentales que se les unieron, e íbamos conociéndonos mejor cada día que pasaba. Sin embargo, algunos adultos de mi familia y de nuestro entorno se mostraban menos abiertos que yo a cruzar las barreras culturales. Consideraban sucios a los extranjeros, y no me refiero a que necesitasen una buena ducha viviendo como vivían en la autocaravana; quiero decir que los juzgaban impuros espiritualmente. En aquella época —década de 1960—, muchos indios se sentían orgullosos de que los occidentales hubieran empezado a visitar el país, pero, a la vez, desconfiaban un poco. Una cosa era saber cosas de ellos y otra muy distinta encontrárselos.

Un día, entró en nuestra cocina una mujer americana de un grupo de visitantes extranjeros pidiendo algo de comida. Se le indicó, educada pero categóricamente, que se fuera, tras lo cual hubo que purificar toda la cocina, lo cual significaba limpiarla de arriba abajo. Era como si hubiera entrado un intocable —alguien considerado «impuro» por pertenecer a una casta baja, o por no pertenecer siquiera al sistema de castas—. Yo estaba verdaderamente sorprendido por cómo se había tratado a esta persona, y dije: «Pero si es otro ser humano y solo quería comida. ¡Vamos a dársela!». La respuesta fue terminante: «No. No puede ser».

Una cosa que entendí con claridad unos años después, cuando fui a Sudáfrica, es que la gente que se considera inferior muchas veces busca un modo de imponerse a los otros. Hay quienes piensan que dominando a los demás, se elevan a sí mismos, pero eso no es más que un absurdo caso de ego artificial que está siempre destinado al fracaso. Un modo mucho mejor de encauzar el sentimiento de inferioridad es desarrollar respeto y amor a uno mismo, no proyectar actitudes negativas en otras personas. Si nos ponemos nosotros en primer lugar, desaparecen las ganas de andar con prejuicios.

Los extraños visitantes de la autocaravana Commer —muchos de los cuales se convirtieron en amigos de toda la vida— habían cruzado muchas barreras físicas para llegar a India. Habían vivido experiencias muy interesantes en Afganistán y Pakistán, como se puede imaginar. Un viaje así parece impensable ahora, o por lo menos un tanto imprudente.

Los occidentales fueron usando progresivamente el dhoti (una prenda que rodea las piernas y va atada a la cintura) en vez de los pantalones y la kurta (una blusa suelta y sin cuello que se estira hasta las rodillas) en vez de las camisas occidentales. A decir verdad, estaban muy graciosos con aquella vestimenta india, pero a ellos les encantaba. Por entonces, cuando viajaba para dar conferencias, yo llevaba dhoti-kurta también, pero iba a la escuela con un uniforme de pantalones, chaqueta, camisa y corbata occidentales. O sea, que la mayor parte del tiempo los occidentales se vestían al estilo indio y los escolares indios al estilo occidental.

No me di cuenta de lo diferentes que pueden ser dos culturas hasta que viajé a Inglaterra con algunos de mis nuevos amigos. Al tratarse de la primera vez que salía al extranjero, supongo que era inevitable sentirse raro. Todo me resultaba ajeno, *todo*. Recuerdo que, poco después de llegar, me asaltó un pensamiento rotundo: «Ya no estoy en India». En realidad, no se trataba solo del pensamiento, sino de una profunda *sensación* de estar muy lejos de mi país. Era junio de 1971, y lo que yo no sabía es que no regresaría a India hasta noviembre.

Él día que llegué a Londres fui a una casa que habían alquilado para mí, me di un baño y bajé a acomodarme en el sofá e intentar librarme de los efectos del desfase horario. Había unas cuantas personas sentadas a mi alrededor, en la alfombra, la mayoría de las cuales me eran desconocidas. Al principio nos mirábamos sin intercambiar ni una palabra. Y luego, gradualmente, nos pusimos a hablar y la acogida fue muy afectuosa.

Desde aquellos primeros días en Inglaterra, estoy firmemente comprometido con el respeto al país en el que me encuentro. Esto ha sido algo trascendental en mi vida, ya que he ido a muchísimos lugares a compartir el mensaje de paz. Llevo mi propia cultura, pero siempre intento respetar la del territorio que visito. Viajo por todo el mundo, pero mi país ahora es Estados Unidos. Como inmigrante, quería formar parte de esta cultura y también aportar algo. Creo que es verdaderamente importante que los inmigrantes traten de mantener ese equilibrio.

El problema de que los inmigrantes «mantengan ese equilibrio» existe desde hace siglos. Cuando los persas fueron a India buscando refugio, encontraron resistencia. Algunas personas pensaban que el país ya estaba lleno y había ya demasiada demanda de alimentos y agua. El rey recibió a un grupo de persas de alto rango, y pidió que le llevaran un vaso con leche y una jarrita llena de leche. Les mostró el vaso con leche y dijo: «Igual que este vaso, el país está lleno. Si ponemos más, se desbordará». Y, diciendo esto, vertió un poco más de leche de la jarra en el vaso. El líquido se derramó por el suelo.

En ese momento, un persa muy inteligente se adelantó y tomó educadamente el vaso de la mano del rey. Sacó del bolsillo un poco de azúcar, la puso en la leche y dijo: «Ahora la leche es más dulce y no se ha desperdiciado nada. Nosotros sumaremos, no restaremos nada a vuestra sociedad».

Buscar diferencias

Cuando piloto un avión, a veces hago a los pasajeros la siguiente sugerencia: «Si miráis a la derecha por la ventana hacia abajo, veréis la frontera entre tal país y tal otro». Por supuesto, siempre escojo una que no sea visible. La gente se esfuerza en encontrarla con la mirada hasta que se da cuenta de que no se ve ninguna, solo una cadena montañosa sin cortes, un desierto, una extensión de campos o el océano. Siempre estamos buscando diferencias y división.

Háblale de fronteras a una hormiga. Alrededor de una casa se construye una cerca, y la hormiga seguirá pasando de un lado a otro todo el día, yendo y viniendo, yendo y viniendo. Háblale de fronteras a un pájaro: «Eh, tú, el de las alas, ¿dónde tienes el pasaporte?». No hay fronteras para los cuervos ni las abejas ni las mariposas; no hay fronteras para los peces ni los delfines ni los calamares; no hay fronteras para las nubes ni el viento ni el agua.

Desde la niñez nos enseñan las diferencias entre la gente y nos las creemos. «Hemos nacido aquí y eso significa que somos así y asá. Ellos han nacido allí y eso significa que son de tal o cual manera». Sin embargo, las diferencias entre la gente muchas veces se limitan a lo meramente superficial. Un indio podría decir: «Nuestra comida es inigualable: fijaos en nuestro maravilloso chapatti». Un italiano podría decir: «Nuestra comida es inigualable: fijaos en nuestra maravillosa pasta». Pero ¿de qué está hecha la pasta? ¿Y de qué está hecho el chapatti?

Los unos y los otros están comiendo lo mismo con unas diferencias muy pequeñas. ¡Menuda cosa!

Si alguien tiene que ser operado del corazón, ¿los cirujanos llevarán a cabo una intervención distinta dependiendo de la raza del paciente? Los médicos no aprenden en la universidad que tienen que tratar a la gente según su color. «Bueno, hoy vamos a enseñaros cómo tratar a los indios; mañana, a los italianos, y después a los africanos y los chinos».

Tenemos muchas más cosas en común. «Tengo sed», se puede decir en muchos idiomas, pero el significado es uno solo. Con frecuencia la gente me pregunta: «¿De dónde eres?». Y yo tengo que sonreír. ¿Qué digo? «Del mismo sitio que tú, ¡la Tierra!». A veces quien hace la pregunta me mira como si yo estuviera majareta, pero simplemente digo la verdad.

Cuando voy a México, la gente cree que soy mexicano; cuando voy a Malasia, que soy malayo, y eso mismo me ocurre en muchos otros lugares. El único sitio donde me han parado pensando que soy extranjero ha sido en ¡India! Iba a ver a mi hermana, que vivía en una zona del norte. Los militares no querían extranjeros por allí y, en un paso fronterizo, un soldado me miró y me pidió el pasaporte. Yo le dije: «Pero ¡si soy indio!». Salió un oficial a ver qué pasaba y me reconoció inmediatamente. Se echó a reír y, dirigiéndose al soldado, dijo: «Sí, es indio».

Resultan sorprendentes los juicios que hacen a veces personas cuya mentalidad normalmente es abierta respecto a otras *porque son diferentes*. Una vez, en Argentina, estaba yo iniciando a un grupo de gente en las técnicas del conocimiento de uno mismo (más sobre este tema en el capítulo 12) y uno de los ayudantes se me acercó y me dijo: «Hay una persona que no debería recibir esta enseñanza».

«¿Por qué no?», le pregunté.

«Porque acaba de decirme que es prostituta», contestó.

Yo repliqué: «Si es prostituta y no te parece bien, no te acuestes con ella. ¿Qué tiene eso que ver con enseñarle a conocerse a sí misma?».

Conexiones reales

Cuando nos alejamos un poco de las ideas y conceptos que tenemos en la mente, ¿qué nos dice el corazón respecto a nuestros congéneres humanos? Es cierto que se puede encontrar odio en el mundo, y egoísmo, envidia, prejuicios, etcé-

tera. Algunas personas viven vidas inconscientes y las consecuencias de eso pueden herirlas a ellas o a otras. Pero hay
también millones de actos de bondad diarios que pasan inad-
vertidos. Generosidad, creatividad, amabilidad, comprensión..., ocurren muchas cosas maravillosas dentro de nosotros
y a nuestro alrededor.

En vez de idealistas o pesimistas respecto a la naturaleza
humana, hemos de ser realistas. La verdad es que en todos
nosotros existe el bien y el mal. He visto una increíble oscuridad en los ojos de la gente, una oscuridad profunda sin un
atisbo de luz. Y he visto una luz increíble en los ojos de la
gente —destellos de esperanza, alegría y amor— incluso en
momentos muy duros. Todos tenemos potencial para la oscuridad y la luz, pues viven juntas dentro de nosotros.

Todo lo que yo considero bueno de mí nunca está lejos de
lo que me disgusta. El amor no está nunca lejos del odio. La
claridad no está nunca lejos de la confusión. La luz no está
nunca lejos de la oscuridad. Solo hace falta apretar un botón
para pasar de la luz a la oscuridad y viceversa. No tenemos que
preocuparnos de eliminar la oscuridad de nuestra vida, solo
centrarnos en generar luz. No tenemos que preocuparnos de
eliminar la confusión de nuestra vida, solo centrarnos en gene-

rar claridad. No tenemos que preocuparnos de eliminar el odio de nuestra vida, solo concentrarnos en generar amor.

Contamos con muchas cualidades en nuestro interior; son las que escogemos para actuar o expresarnos las que influyen de un modo determinante en nuestra vida. Esa capacidad de elegir es una parte fundamental de la experiencia humana. Nuestra humanidad se basa en la capacidad de escoger.

Había una vez un hombre que era normal en todos los aspectos excepto en uno: creía que era un grano de trigo. Esto no suponía un gran problema hasta que veía gallinas, porque le entraba el pánico pensando que se lo iban a comer.

La cosa fue empeorando hasta que su familia no pudo aguantar más. Cuando salían juntos a algún sitio, inevitablemente se topaba con gallinas y entonces gritaba y echaba a correr. Aquello no contribuía a hacer el día agradable precisamente. Así que lo llevaron a una doctora, quien les recomendó un hospital psiquiátrico especial. Ingresó allí y lo trataba ella. Día tras día trabajaba con él para convencerlo de que era un ser humano y no un grano de trigo.

El tratamiento llevó mucho tiempo, pero que mucho tiempo, hasta que un día la doctora le preguntó: «¿Qué eres?». Y él respondió: «Un ser humano».

«¿Estás seguro de que eres un ser humano y no un grano de trigo?».

«Por supuesto, ¡soy un ser humano!».

«Pues ya estás curado», le dijo la doctora. «Ya puedes salir del hospital». El hombre estaba muy contento de poder marcharse. La doctora firmó el documento correspondiente, él lo cogió y se fue. La facultativa se sintió muy aliviada.

Unos quince minutos después, el hombre estaba de vuelta. La doctora le preguntó: «¿Qué haces aquí? ¡Te dije que podías irte! ¡Estás curado!».

Él la miró y dijo: «Doctora, ya sé que estoy curado, pero ¿le ha dicho alguien a las gallinas que no soy un grano de trigo?».

¡Ese es nuestro problema! Vale, seguro que no pensamos que somos un grano de trigo, pero a veces nos confundimos acerca de lo que somos. ¿Qué somos? ¡Un ser humano! Y un ser humano es una criatura que lleva en su corazón un océano de amor, de bondad, de luz. Todos tenemos estas cualidades en nuestro interior. En vez de buscar lo que nos separa, siempre podemos celebrar las maravillas que viven en todos nosotros, incluidos tú y yo.

Las necesidades nos unen

Dependiendo de las culturas, la gente suele buscar cosas distintas. Solo hay que fijarse en el modo en que las diferentes comunidades y sociedades abordan los temas relativos a la muerte. Los toraja, que habitan en la isla indonesia de Célebes, conservan los cuerpos momificados de sus parientes muertos en el hogar familiar mientras ahorran para poder costearse un buen funeral. Los cuerpos se conservan así durante meses, a veces años, y se los trata como si estuvieran «enfermos» en lugar de muertos, y se les lleva comida y bebida, y uno se sienta con ellos a hablarles. Incluso después de que se les entierre en el panteón familiar, cada cierto tiempo se saca a los muertos de los ataúdes para refrescar su cabello y sus ropas, y los parientes hablan con ellos y les muestran fotografías. A algunos de nosotros podría parecernos macabro; a otros, una emotiva manera de honrar y recordar a los seres queridos que ya no están.

En Mongolia y Tíbet muchos creen que el espíritu perdura después de la muerte. Para favorecer el proceso de la reencarnación, se cortan los cadáveres en pedazos y se colocan en lo alto de una montaña, generalmente cerca de un lugar frecuentado por los buitres. Las aves son vistas como ángeles que ayudan al espíritu a ascender al cielo para que espere allí su renacimiento, de ahí el nombre de esta tradición: «entierro en el firmamento».

En casi todas las culturas hinduistas se queman los cuerpos de los fallecidos y no se deja ningún resto, solo un retrato de la persona con una guirnalda alrededor del marco. Si vas a casa de alguien y ves fotografías adornadas con guirnaldas, ya sabes que las personas han muerto, pero que siguen en el corazón de la familia.

Viajando por el mundo se encuentran muchas otras maneras de rememorar a los muertos. Incluso he oído que en lugar de poner las cenizas de las cremaciones en una urna, estas se pueden comprimir y convertirlas en un diamante por medio de una temperatura y presión extremas, volviéndose así joyas.

Bueno, pues sí, hay diferencias entre la gente, y esto es algo que podemos notar, disfrutar de ello e incluso celebrar. Pero estas diferencias son solo una parte de nuestro modo de vida en la faz de la tierra, no definen la auténtica esencia de lo que somos. Deseos y gustos, normas y rituales tienen que ver con el estilo de vida, no con la vida misma. Hay otras cosas que nos unen, independientemente del lugar del que procedemos y de lo que creemos, y no son menos importantes, nuestras necesidades básicas.

Las necesidades se refieren a aquello sin lo cual no podemos pasar. Todos sentimos hambre y sed. A todos nos es imprescindible un techo. Compartimos el mismo aire que envuelve este maravilloso planeta. Todos inspiramos y espiramos.

El modo en que colaboramos para satisfacer nuestras necesidades es siempre un fascinante punto de encuentro de individualismo y universalismo. Hoy día, cuando miramos el mundo que hemos construido, ¿qué vemos? ¿Cómo hemos respondido al reto de satisfacer nuestras necesidades comunes? A veces vemos un fantástico progreso humano, exuberancia y belleza, generosidad y beneficios materiales. Otras veces vemos los efectos del miedo y la codicia: contaminación, escasez de alimentos y problemas de salud. Una vez más, la clave es la elección. Si podemos hacerlo mal, igualmente podemos hacerlo bien. Somos los humanos los que muy frecuentemente originamos circunstancias espantosas para otros como nosotros, pero siempre queda la posibilidad de aliviar esas circunstancias. Y se empieza con unos pequeños pasos.

El hambre, por ejemplo. El hambre es algo natural, pero la escasez de alimentos es un problema provocado por el hombre. La naturaleza puede proporcionar todos los alimentos que necesitemos y más, si hacemos bien las cosas. Pero la distribución es deficiente y el desperdicio muy grande. Me conmueve pensar que hay todavía personas en India que mueren de desnutrición, aunque el país exporta la mayoría de alimentos que produce.

Hace varios años, un equipo de la Fundación Prem Rawat y yo fuimos a ver cómo podíamos ayudar a afrontar ciertos problemas que habían surgido en Ranchi, la capital del estado indio de Jharkhand. La zona estaba sufriendo graves tensiones políticas y actos de violencia, además de tener unos niveles de pobreza muy altos. Aun cuando aquella área concentra aproximadamente el 40 por ciento de los recursos minerales de India, un porcentaje similar de la población vivía por debajo del umbral de pobreza y estaban mal alimentados.

Queríamos comprar un terreno que habíamos visto para construir un centro de ayuda a la población local. Nuestros asesores dijeron: «No lo hagáis; esta zona tiene un terrible problema de terrorismo y criminalidad, y no podemos garantizar la seguridad de quien trabaje aquí». Pero, aunque hubiéramos desistido, aquellos conflictos habrían continuado existiendo, así que seguimos adelante.

La cuestión que nos planteábamos era esta: ¿qué tipo de centro repercutiría más positivamente en aquella sociedad? Alguien dijo que deberíamos levantar un hospital, pero carecíamos de conocimientos en ese campo. Habría sido toda una prueba construirlo y todavía más complicado administrarlo. Luego, otro sugirió que hiciéramos una escuela, pero ya había muchísimas y tampoco nos parecía que tuviésemos capacidad para dirigirla. Después pensamos en la nutrición, y eso tocó el corazón de todos. La situación era desesperada para muchas familias. Algunos niños que conocí habían aprendido a localizar nidos de ratas y robaban la comida que los roedores habían recogido. Decidimos construir un gran comedor que les proporcionara gratis todos los días alimentos calientes y nutritivos.

Yo quería evitar cualquier interferencia política respecto a quién se le permitiría comer allí y a quién no, de modo que invité a todos los dirigentes de las instituciones de la región y les comuniqué mi última palabra sobre quién iba a recibir comidas gratis. Poco después comenzaron a venir niños, y luego, ancianos y madres con bebés. Como parte del desarrollo, habíamos instalado un cuarto de baño, y la norma era que todo el mundo se lavara las manos concienzudamente. Esto era nuevo para muchos de ellos. Cuando estaban en su casa, muchos niños lo primero que hacían por la mañana era recoger excrementos de animales en el campo para usarlos como combustible. Me contaron que luego iban directamente a desayunar sin lavarse las manos.

Las cocinas de nuestro centro estaban, y siguen estando, impecables. Toda la gente que trabaja allí lleva mascarilla, la comida —deliciosa y elaborada con materia prima de la zona— se prepara cuidadosamente, y todo el que venga puede comer cuanto quiera.

Al pasar unos años vimos el impacto que tenía nuestro enfoque alimentario, y era increíble. La delincuencia había disminuido porque la gente tenía más dinero, al haber ahorrado la parte de su presupuesto destinada a alimentación. Ese dinero extra influía en que menos padres tuvieran que irse lejos a buscar empleo y que menos niños se pasaran todo el día trabajando. Estos empezaron a asistir a la escuela en mayor número y a conseguir títulos académicos. Mejoró la salud infantil y, gracias a eso, se redujo la presión en los hospitales. Y como se daban cuenta de que lo que hacíamos era ayudar a la gente, los grupos terroristas dejaban en paz a nuestros trabajadores e instalaciones.

Incluso ahora me cuesta creer que una buena comida al día sea tan decisiva. Hemos puesto en marcha programas similares en Ghana y Nepal que han tenido también una repercusión muy positiva. Unas medidas sencillas están provocando un gran cambio.

(Un inciso: nuestro centro en Nepal se edificó como es debido, siguiendo el Código Nacional de Construcción. Cuando tuvo lugar el fuerte terremoto de 2015, muchos de los inmuebles cercanos se desplomaron o dejaron de ser seguros, pero en nuestro centro solo se abrió una pequeña grieta, así que se convirtió en refugio también. Por tanto, el centro *realmente* se transformó en un lugar donde salvar la vida).

Sobre la benevolencia

Hay un chiste que tiene que ver con el modo tan distinto en que los seres humanos reaccionan ante las necesidades de otras personas.

Un hombre se pierde en el desierto y tiene muchísima sed. Anda arrastrándose a cuatro patas y le parece que la lengua se le ha vuelto de arena de lo sediento que está. Entonces ve a otro hombre, que va sobre un camello, y le dice: «Por favor, por favor, ¿me das agua?».

«¿Quieres una corbata?», dice el del camello, y abre una alforja donde hay un montón de corbatas. «¿Cuál te gusta?».

«No, no, yo no quiero una corbata», dice el sediento. «¿Tienes agua?».

«¡Qué te parece si te doy una corbata!».

«No, no quiero una corbata», y sigue arrastrándose.

Pero vuelve la mirada hacia atrás y dice: «¿Estás seguro de que no puedes decirme dónde hay agua?».

«Sí, claro que puedo decirte dónde hay agua. Vete recto unos ochocientos metros y encontrarás un oasis. Allí hay agua. Mucha agua».

El hombre se desplaza con dificultad hasta que finalmente llega a un hermoso oasis. Hay árboles magníficos, plantas y flores, y ve brillar el agua de una balsa entre la vegetación. En medio del camino al oasis hay un tipo alto y el sediento se dirige a él.

«¿Puedo entrar en el oasis a beber agua?», pregunta.

«A ver, ¿llevas corbata?».

Esto es lo que terminamos haciendo si no pensamos conscientemente: se las hacemos pasar canutas a los demás antes de que puedan satisfacer sus necesidades. En cambio, ¿qué tal si tratamos a la gente como nos gustaría que nos tratasen a nosotros? ¿Qué tal si buscamos objetivos comunes en vez de diferencias competitivas? ¿Qué tal si somos simplemente *benevolentes?*

La palabra *kind* (benevolente, generoso, amable, etcétera) entronca con *kin,* que significa familia, parientes. Cuando pensamos y actuamos con *kindness* (con benevolencia), rompemos barreras entre nosotros y otras personas. Podemos tratar con benevolencia a cada una de las personas que conozcamos y no perderíamos nada, sino que lo ganaríamos todo. Y podríamos multiplicar eso por siete mil millones y seguiría sin perderse nada y ganándose todo.

Cuando repartimos benevolencia, creamos una familia formada por aquellos con los que conectamos. Y así tenemos un espíritu fraternal: sentimos que somos uno. Pero repartir benevolencia exteriormente exige que antes seamos benevolentes con nosotros mismos. La benevolencia empieza en nuestro propio yo —una conexión promovida por las mejores cualidades humanas de nuestro interior— y brota de ahí.

La empatía ha formado siempre parte de la experiencia humana, pero la palabra no se acuñó hasta el siglo XX. Hay muchas definiciones, pero yo solo quiero señalar el poder de la empatía en su sentido más simple: ponerse en el lugar de los demás. Puede que no compartamos las mismas experiencias de otra persona, que no estemos de acuerdo con ella, pero es importante tener en cuenta el ambiente del que procede. Esa es una manera mucho mejor de entender el mundo que nos rodea que la de ver a los otros como completamente distintos. En vez de categorizar a las personas —por su religión, color, nacionalidad o lo que sea—, lo que hay que hacer sencillamente es intentar meterse en lo que puedan estar experimentando. Sea hambre, dolor, tristeza, ira, guerra, hay que tratar de empatizar con la gente cuyas necesidades no están siendo atendidas. Hacer esto es recordar qué significa ser humano.

La sociedad y el yo

La benevolencia empieza desde dentro; por eso, si queremos hacer del mundo un lugar mejor, debemos mirarnos a nosotros mismos primero. He dado la vuelta al mundo varias veces y todavía no he encontrado la sociedad perfecta. Lo que sí he visto es que resulta muy difícil conseguir que cambie una sociedad entera. Lleva tiempo. A veces se avanza, a veces se involuciona. Si comenzamos por nosotros mismos, puede que seamos capaces de modificar el modo de pensar y luego el de actuar, y después hacerlo colectivamente.

El estado de cada ladrillo determina la solidez de un edificio. Si uno se agrieta y se rompe, eso afecta a todos los que están a su alrededor. Y el efecto se transmite, añadiendo presión a los ladrillos contiguos. Cuando se evalúa la seguridad de una construcción, hay que tener en cuenta la integridad de cada componente. Lo mismo ocurre con el individuo y la sociedad. Debemos cuidar cada elemento, es decir, que cada persona intente hacerse lo más fuerte posible.

Pensemos en un reloj. En su interior hay una infinidad de piezas. Unas se mueven, otras no, pero todas son esenciales en un buen mecanismo. En el exterior solo se ven la manecilla de las horas, el minutero, el segundero, pero dentro hay un pequeño mundo. Todas las piezas se unen para poner la aguja de las horas en el sitio exacto, y la de los minutos, y la de los segundos. Los relojeros saben que, para que eso ocurra con precisión, día tras día, cada parte tiene que funcionar correctamente.

He aquí otra manera de entenderlo. Estás delante de una pantalla y ves una fotografía del mundo tomada desde el espacio; la amplías con el zoom más y más. Ahora ves montañas, luego un bosque al lado de una montaña, luego un pequeño grupo de árboles, luego las hojas de un árbol. Y sigues ampliando, ampliando, ampliando. La imagen de las hojas se ha convertido rápidamente en unas manchas de color, y continúas ampliando, ampliando, ampliando, hasta que terminas viendo tres rectángulos: uno rojo, otro verde y otro azul. Has llegado al nivel de un solo píxel. Es lo que has estado mirando todo el rato, pero has *visto* una hoja, un árbol, una montaña, el mundo.

Los seres humanos son como píxeles individuales que, en conjunto, forman sucesivamente una comunidad, una sociedad, una población global. Si la imagen grande de la sociedad se ve mal, tenemos que preguntarnos qué pasa con los píxeles, por qué no lucen como corresponde. ¿Y qué pasa *conmigo?* ¿Estoy colaborando a formar una buena imagen de mi comunidad, de la sociedad, del mundo? ¿Luzco adecuadamente? ¿Qué pasa cuando dirigimos el zoom hacia nuestro yo?

Una sola pieza rota es suficiente para que se pare un reloj, se debilite un edificio, se altere una imagen nítida o se trastorne la sociedad. Por eso, no es egoísta que dediquemos un cierto tiempo a entendernos a nosotros mismos. Para iluminar el mundo entero se comienza con una vela.

Somos del mismo sitio

Desde una cierta perspectiva, el título de este capítulo —«El yo universal»— puede parecer una paradoja. ¿No es un «yo» algo distinto de todo lo demás? ¿No soy yo únicamente *yo*? ¿No eres tú únicamente *tú*?

Sí, durante el tiempo en que estamos vivos hay algo distintivo en cada uno de nosotros, pero todos compartimos la misma serie de necesidades básicas, incluida la de paz espiritual. La paz interior no es privativa ni de los fuertes ni de los débiles, ni de los ricos ni de los pobres, ni de una raza ni de otra. La paz está ahí para todos y dentro de todos.

Nuestra mente trabaja continuamente tratando de dar forma al mundo circundante, pero la existencia es maravillosamente simple. Cuando estamos dormidos, ¿qué diferencia hay entre ricos y pobres? ¿Entre cultos e incultos? ¿Entre buenos y malos? Durante el sueño las diferencias se disipan y nosotros nos limitamos a respirar.

Compartimos una serie de necesidades básicas, compartimos el planeta y también compartimos algo aún más grande: el universo en continua expansión. Una línea en un mapa parece muy insignificante si pensamos en la inmensidad del espacio. Esa es la verdadera naturaleza del lugar donde vivimos. A propósito de este tema, la filósofa francesa Simone Weil decía lo siguiente:

Tenemos que identificarnos con el universo mismo. Todo lo que sea menor que el universo está sujeto al sufrimiento.

La chispa divina de la energía universal está en nosotros desde el momento en que somos creados y forma una red invisible de conexiones entre todos y todo. Somos simultáneamente diferentes y lo mismo. Somos uno.

Los dogmas pueden dividirnos, pero la divinidad interior nos une. No todo el mundo es consciente de este vínculo persona-persona, amigo-amigo, desconocido-desconocido; sin embargo, puede dejarse ver súbitamente, como el sol después de una tormenta. El poeta indio Kabir expresaba nuestro universalismo con estas palabras:

Todos sabemos que hay una gota en el océano, pero muy pocos saben que hay un océano en la gota.

Aquí está otra vez la paradoja: el océano en la gota. Dejémonos llevar durante un momento por las reflexiones de Ka-

bir e imaginemos a toda la humanidad como si fuera agua
moviéndose al unísono en el océano. Veamos evaporarse cada
gota y todas las gotas, las nubes transportándolas y dejándolas
caer en diferentes lugares —colinas, llanuras, ciudades— antes
de que vuelvan al punto de partida. En el proceso, las gotas se
juntan para formar arroyos que crecen y llegan a ser ríos gran-
diosos con nombre e historia. Mississippi, Amazonas, Ganges,
Támesis y todos los demás confluyen para formar mares y, luego, el Atlántico, el Pacífico y los otros integran un vasto océano sin nombre que abarca el planeta. ¿Es el final del viaje? No,
vuelve a empezar: las gotas se evaporan desde las olas... etcétera, el ciclo continúa. Y *nuestro* viaje sigue. Somos tanto una
gota como un océano.

La tierra lleva millones de años reciclando el agua. El constante principio y fin del líquido elemento son como el alfa
y omega de la inagotable divinidad: el proceso no acaba nunca.
A propósito, ¡no estoy pronunciándome a favor de la reencarnación! Lo que digo es que la divinidad existía antes que nosotros, nos alienta a lo largo de la vida y seguirá existiendo
después de nosotros.

Hace poco me preguntaron: «¿Qué tal va todo?», y yo contesté: «Bien, va. Lo que sostiene la naturaleza del ir está ocu-

pado yendo, y lo que sostiene la naturaleza del venir está ocupado viniendo. Todo lo que viene se va en algún momento, pero
la naturaleza de la divinidad va a estar presente siempre. Es la
única constante». No creo que esperasen esta respuesta.

Nuestra condición humana es una expresión pasajera del
permanente ciclo de la vida. En definitiva, vamos todos a una
con los demás, con el universo y con la divinidad. Este es el yo
universal.

12

Práctica, práctica, práctica

Pensemos en la vida como si fuera un libro. Se abre la portada cuando nacemos. Dentro están los agradecimientos y el prólogo: nuestra primera infancia. No podemos atribuirnos ningún mérito en esa fase, pero pronto comienza la historia. Al pasar cada nueva hoja, tenemos la oportunidad de escribir algo, de poner tinta fresca en el papel en blanco de nuestra existencia.

Si eres afortunado, habrá muchas páginas en tu libro, la historia será muy rica en aventuras y experiencias. Como en todas las historias, habrá momentos duros a lo largo del camino. Luego, un día, todas las hojas estarán escritas excepto una, y ahí aparecerá esta palabra: «Fin».

¿Qué estás escribiendo en *tu* libro? ¿Tiene sentido? ¿Despierta interés? ¿Proporciona inspiración? ¿Es la historia que tú quieres contar?

Según la antigua historia india, cuando el legendario sabio Ved Vyas estaba componiendo el Mahabharata, necesitaba alguien con una inteligencia extraordinaria para que plasmara en papel su narración. Necesitaba a un escritor, así que recurrió a Ganesh, el venerado dios de la sabiduría. Ganesh dijo que él escribiría siempre y cuando la pluma no se parase. En realidad, estaba diciéndole a Ved Vyas: «Quiero que hables con el corazón, que no le des vueltas antes a lo que dices». A su vez, Ved Vyas le pidió a Ganesh que escribiese «solo lo que tenga sentido para ti». Sea lo que sea lo que grabes en la historia de tu vida, debe tener sentido para ti. ¿Lo que anotas es tu vida o la de otra persona? ¿Es clara y sigue un objetivo? ¿Significa algo para ti?

Cada día trae una nueva oportunidad de expresarnos, una nueva página en blanco para llenar. El conocimiento de uno mismo puede ayudarnos a escribir algo memorable, algo alegre, algo fiel a lo que somos verdaderamente. Algo lleno de significado. Solo yo puedo escribir la historia de mi vida, y solo tú puedes escribir la tuya. Cada día tenemos que coger la pluma y apuntar lo que sale del corazón. Que fluya la tinta.

Sé que esto no es fácil. Comprendo que el recorrido desde la desazón y el descontento hasta sentir la paz interior y una vida satisfactoria no siempre es cómodo. Algunas veces tendremos la sensación de que nuestra historia queda amortiguada por el ruido del mundo. En ocasiones, yo también lo encuentro difícil. Requiere práctica. Para ir en barca por un río no basta con remar un par de veces.

En este capítulo voy a ocuparme un poco más de las dificultades a las que nos enfrentamos en el camino hacia la paz interior y de lo que puede ayudarnos. Insistiré en lo importante que es todo eso en nuestra vida. Y, de paso, hablaré de que la vida es un paréntesis en medio de nuestra pertenencia al polvo. Sí, polvo. Como siempre, más que decir lo que hay que pensar, espero que las palabras que siguen proporcionen otros modos de comprendernos y conectar mejor con nosotros mismos.

Dónde hemos estado

Si has avanzado conmigo desde la introducción, hemos abarcado mucho juntos. Hemos aprendido que el ajetreo de la vida moderna produce ruido a nuestro alrededor, pero es el ruido

331

de dentro el que más nos afecta. Hemos reflexionado sobre lo preciosa que es la vida y sobre cómo la conexión con la paz interior puede transformar nuestra experiencia. Hemos analizado la diferencia entre saber y creer, y lo trascendental que es empezar con uno mismo en lugar de esperar que el mundo exterior satisfaga nuestras necesidades. Hemos visto que nuestra vida puede florecer por medio de la gratitud y que la paz interior puede ayudarnos a bandear los malos ratos y los conflictos internos. Hemos oído canciones de amor, nos hemos alegrado por el cielo que se puede encontrar aquí en la tierra y hemos sentido nuestras conexiones universales.

A lo largo de este libro he repetido el mensaje de que la paz está siempre dentro de nosotros y es *conocible*, y he dado buenas razones de ello... La sencillez de esta idea es clave, aunque nuestras mentes agitadas pueden enturbiarla y embrollarla, separándonos así de la claridad de la paz interior. Todos los días tienen lugar muchas circunstancias variables que exigen nuestra atención —en un momento nos hacen sentir felices, en otro nos causan problemas—, pero la paz interior es inmutable. La vida puede convertirse en aquello que tiene que ver con la cambiante naturaleza de lo que está fuera de nosotros, pero la paz personal no está relacionada con el mundo exterior en absoluto. Seamos quienes seamos, vivamos donde vivamos, hagamos lo que hagamos, cualesquiera que sean las consecuencias de los cambios, la paz está constantemente *dentro de nosotros* y, a través del conocimiento de uno mismo, a *nuestra* disposición.

Adquirir esta clase de conocimiento es un proceso que consiste en ir descubriendo quiénes somos. ¿Qué arriesgamos cuando dejamos escondido nuestro yo interior y vivimos inconscientemente? Pues que renunciamos a lo más valioso que tenemos: nuestra experiencia de la vida misma. Podemos también experimentar toda suerte de sufrimiento mental y emocional, y quizá transmitírselo a quienes amamos y a todo lo que nos rodea.

Este conocimiento de uno mismo nos conecta con lo contrario, es decir, con todo lo bueno que hay en nosotros. La paz es la claridad que hay en nosotros. La paz es la comprensión. La paz es la serenidad. La paz es la bondad. La paz es la dulzura. La paz es la luz. La paz es la alegría. La paz es la gratitud. La paz es la belleza. La paz es el ir y venir de la respiración. La paz es la divinidad que hay en nosotros. La paz es todo *esto* y más. La paz nos aporta de una vez, en una profunda e intemporal experiencia, todo lo bueno de nuestro auténtico yo.

Aceptar la paz requiere valor

La llegada del autoconocimiento a nuestra vida puede suponer una prueba. Para algunos implicará tener que ir contracorriente en su posición social o profesional. Familia, amigos y compañeros de trabajo tal vez se muestren escépticos y desdeñosos. Quizá nos veamos rodeados de personas que no dan ningún valor al mundo interior y les guste decírnoslo todo el rato.

Las personas a veces tienen en la cabeza una voz muy potente que les disuade de mirar en su interior, y frecuentemente ese ruido viene de las ideas que han heredado de otros. El corazón dice: «¡Por favor, por favor, por favor, mírame, siénteme, disfruta de mí!». Y la mente dice: «¡No, no, no!». Entonces, el yo se divide.

De nuestra interacción con el mundo pueden derivarse placeres y progreso, pero eso es solo una parte de lo que somos. Para decirle a alguien: «Hay dos mundos —el exterior y el interior— y los dos me importan...», bueno, pues... se necesita valor. Hace falta ser valiente para decir: «Mi mente y mi corazón pueden estar en paz la una con el otro».

La gente suele pensar que si se quiere experimentar paz y satisfacción interiores, hay que retirarse a un monasterio o algo parecido. Se tiene la idea de que es como si hubiera un enorme generador eléctrico en un lugar remoto y solo se pudiera obtener luz cerca de la fuente de energía; y que, si uno se aleja del generador, volverá a la oscuridad. Yo lo veo de un modo diferente. Como ser humano, la paz, la claridad y la bondad emanan de tu corazón. Tienes un generador interior, una fuente interna de energía, un íntimo refugio de calma; y todo esto lo llevas contigo adonde quiera que vayas.

A veces sobrevuelo el desierto del Sáhara, y en uno de esos viajes, durante un vuelo, me vino a la mente esta analogía: imagina que tienes que viajar a través del desierto y llevas un recipiente grande de agua, comida y una sombrilla, reservas suficientes para el viaje. Así que te encuentras en un inmenso espacio de arena, arena y solo arena. No hay ningún oasis y hace mucho calor. Ahora piensa en esto como el viaje de la vida. Tener paz personal es como llevar en todo momento las cosas imprescindibles, agua, comida y sombra. Muchas personas viajan por su vida con las manos vacías y quieren convertir el desierto en lo que necesitan. Pero ¿has intentado alguna vez transformar la arena en agua fresca? La realidad es simple; pero cambiarla es difícil.

Bueno, yo sugiero que llevemos con nosotros todo lo necesario. Piensa en la sed que tendrías si anduvieses por el desierto sin agua. Siente de verdad esa sed: yo volveré enseguida.

¿Cómo puedo ayudar?

La gente a veces me pregunta: «Si hago esto, esto y esto, ¿tendré paz?». Parece que sea necesario generarla mediante actos, pero lo único que hay que hacer es abrirse a lo que ya está dentro de nosotros. Comprender cómo hay que conectar con ese lugar interior de paz y sentir gratitud por él es lo que se llama conocimiento y todos podemos aprenderlo. ¿Qué es aprender? Es sentir el don de la vida de un modo nuevo.

Algunas personas pueden emprender el viaje del autoconocimiento por sí solas, otras requieren orientación. Hay muchos maestros y oradores en el mundo: si necesitas un poco de orientación de vez en cuando, busca la persona o personas que te parezcan adecuadas para ti. Tener alguien cerca, alguien que comprenda el yo verdaderamente, resultará confortante. Te señalará el camino en la oscuridad.

Así es como veo yo mi papel. No me corresponde a mí decirle a la gente cómo tiene o cómo no tiene que ser; estoy aquí para haceros recordar que hemos sido bendecidos con el milagro de la existencia y para señalar el camino hacia la paz interior. Solo tú puedes decidir si esa es la dirección en la que quieres ir. Solo tú puedes decidir si ese es el itinerario que quieres seguir para llegar hasta ella.

¿Has oído alguna vez música clásica india? Es muy diferente de la música clásica occidental. Se usan instrumentos como el sitar, el tabla, que es de percusión, y el bansuri (un tipo de flauta). Pero hay otro muy importante del que no se habla mucho: se llama la tanpura. Tiene un mástil largo con cuerdas que el músico rasguea continuamente. Quien la toca se suele situar al fondo y a veces ni siquiera cuenta con micrófono. Mientras los otros músicos interpretan el raga, o esquema melódico, la tanpura produce un zumbido armónico constante. Los demás instrumentos adecuan sus sonidos al de la tanpura, o sea, que esta los mantiene en la clave correcta y, además, marca un ritmo discreto, que es la referencia que permite a los otros seguir el compás.

¿Por qué describo la función de la tanpura? Porque creo que es similar a lo que yo hago. Un buen maestro no canta la canción por ti, no toca el instrumento en tu lugar ni marca el ritmo de tu vida. Tú interpretas tu raga, fijas tu propia cadencia; yo solo estoy aquí para ayudarte a no perder el compás y a sentir el impulso interior de la música de la vida. Puedo ayudarte a oírte a ti mismo.

Mi padre, Shri Hans Ji Maharaj, expresó una vez el papel de un maestro de autoconocimiento con una magnífica metáfora. Trata del Master, que es como la gente llama a su maestro principal, especialmente en India. Esto es lo que dijo:

El Conocimiento, dicen, es como el árbol del sándalo y el Master como la brisa. El árbol se llena de fragancia, pero, aunque quiera, no puede repartirla. Cuando sopla la brisa, lleva el aroma por todo el bosque. Así, otros árboles quedan tan fragantes como el del sándalo. Del mismo modo, el mundo entero podría perfumarse con el conocimiento.

Aprender a sentir

Yo me instruí en el autoconocimiento a los pies de mi padre, literalmente. De niño, me sentaba en el estrado cuando él hablaba, y escuchaba lo que decía y las preguntas que le hacía la gente. Así es como entendí que nacemos con todo lo necesario para sentir paz, pero que las actividades cotidianas pueden ocultar ese potencial. Al encontrar la luz interior, empezamos a librarnos de lo que no somos y vemos claramente quiénes somos. Se trata de desprenderse de lo que no necesitamos en la vida. ¿Qué es lo que no necesitamos? Comencemos por las expectativas caducas, los miedos, los prejuicios y las normas.

Con el paso de los años he aprendido que la instrucción no se puede *imponer:* tenemos que aceptarla nosotros. Para eso, debemos estar abiertos a lo nuevo. Si tienes un vaso vacío y una botella con agua, debes colocar la botella encima del vaso y dejar que la gravedad haga bajar el agua. El líquido no puede ir hacia arriba y entrar en un vaso vacío. El conocimiento no puede pasar de un corazón abierto a una mente cerrada.

Con frecuencia la gente hace preguntas sobre el autoconocimiento con la cabeza. ¿Qué efecto hace? ¿Cómo sé que está haciendo efecto? ¿Qué evidencias hay? En otros aspectos de la vida, estas preguntas serían útiles, pero del yo solo se aprende mediante la experiencia, no con teoría. ¿Te parece que está siendo eficaz? ¿Te provoca alguna emoción? La evidencia está en cómo lo experimentas *tú*. A menudo nuestra mente se niega a renunciar al control, pero es ella misma la que interfiere en el sentimiento profundo de quiénes somos. A veces tenemos que liberarnos del pensamiento; hay un tiempo para creer y un tiempo para *saber*.

Me gustaría hablarte de una época en la que fui capaz de sentir la diferencia entre creer y conocer. Hace años aprendí a esquiar y me resultó difícil. Veía a la gente, incluidos niños, pasar a toda pastilla por la montaña. Era asombroso cómo se deslizaban vertiginosamente, pero dejando un delicado rastro en la nieve. Un instructor suizo se ofreció a enseñarme. Me puse los esquíes y lo primero que me dijo fue: «Muévete así».

«¡Eso no es lo que hacen lo otros!», dije. «Yo quiero hacer lo mismo que ellos. ¿Estás enseñándome algo distinto?».

«Así es como se empieza», contestó.

Me resistí un rato, pero luego pensé: «Bueno, que me enseñe. Si me parece útil, seguiré. Si no, probaré de otra manera».

Al principio, si intentaba ir a la izquierda, terminaba yendo a la derecha. Si quería parar, a veces me aceleraba. El deporte del esquí es contrario a la lógica para los principiantes. Cuando se hace bien, inclinarse hacia delante da estabilidad, pero durante un rato el cerebro sigue gritando: «¡Échate hacia atrás!».

Del mismo modo, ladearse hacia fuera ayuda a girar, pero parece natural ladearse hacia dentro. Y entonces lo que ve uno es la parte delantera de los esquíes en vez de por dónde se va.

Me di cuenta de que el instructor me preguntaba todo el rato: «¿Qué *sientes*? ¿Qué *notas*? ¿Lo *sientes*?».

Para ser sincero, lo que sentí un montón de veces es que estaba fuera de control. No sabía muy bien qué tenía que hacer. Pero continuaba adelante porque cuando uno está aprendiendo debe aceptar la incertidumbre y avanzar. Y entonces empecé a *sentir*. Dejé de darle vueltas en la cabeza al modo de girar e hice lo que me había dicho el profesor. Cuanto más confiaba en la nueva sensación, mejor me iba.

Llegar al autoconocimiento es algo similar. A veces necesitamos un poco de ayuda para comprender cómo hay que empezar y avanzar entre las dudas.

Las técnicas del conocimiento

La paz es posible para todos. Para contribuir a que la gente descubra su potencial interior de paz personal, ofrezco un programa educativo gratuito llamado abreviadamente PEAK (las siglas en inglés de *Peace Education and Knowledge)*. Puedes averiguar cómo acceder a PEAK en mi página web, prem-rawat.com. El programa ayuda a darse cuenta de las capacidades intrínsecas que hay en nosotros, y abarca muchos de los temas tratados en este libro y algunos más. Por favor, siéntete libre de usar estos recursos gratuitos y envíame cualquier duda que te surja.

Si este libro y el programa PEAK te parecen interesantes, cuentas con la posibilidad de aprender algunas técnicas —prácticas y eficaces— de autoconocimiento. Esto te permitirá aprovechar tus fortalezas internas y centrarte en el interior en vez de en el exterior. Son las técnicas que me enseñó mi padre aquel día, en Dehra Dun, cuando yo tenía 6 años, como describí en la introducción. Por experiencia propia, creo que estas técnicas se transmiten mejor de una persona a otra. Se trata de algo muy valioso que debería aprenderse de alguien que las entienda de verdad. (A propósito, si has leído los once capítulos anteriores y te llegan al corazón, estás en el buen camino hacia una acertada comprensión del conocimiento).

La sed de autoconocimiento es la llave que permite el paso a un grado más profundo de consciencia. Esa es la sed a la que me he referido antes. Si no sientes esa sed, tanto PEAK como cualquier otro método pueden resultar infructuosos. Si realmente necesitas y quieres conocerte a ti mismo, es muy probable que PEAK te sea útil. Es como aprender un idioma: tienes que sentir curiosidad e interés, para empezar, y luego seguir decidido a practicar. El conocimiento es el idioma del yo.

De expectativas a experiencia

He hablado en este libro del problema de las expectativas que tenemos en la vida. También las hay en lo que se refiere a conseguir autoconocimiento y paz. «Si tengo paz, debería sentirme así. Si tienes paz, así es como deberías actuar». Esto pasa con las expectativas. Yo sugiero un planteamiento diferente: siente la sed, explora el autoconocimiento y deja que evolucione naturalmente lo que venga después. Es mejor desechar las ideas preconcebidas sobre la paz interior; las expectativas no harán sino interferir en la experiencia.

Hace tiempo fui a Sri Lanka para dar una conferencia y la maestra de ceremonias se me presentó entre bastidores: «Es un placer conocerle, pero ¡yo esperaba ver un hombre levitando!». Ella tenía su propia idea de cómo sería alguien conectado con su paz interior. Bueno, pues no soy así. ¿Tengo paz todo el tiempo? ¡No! ¿Tengo problemas de vez en cuando? ¡Sí! ¿Tengo experiencias extraordinarias del mundo que hay dentro de mí? ¡Por supuesto! ¿He levitado alguna vez? ¡Todavía no!

Un día, en una reunión con personas que seguían el camino del autoconocimiento, una señora alzó la mano a la hora de las preguntas y dijo: «Ya conozco las técnicas del conocimiento, pero no experimento nada». Todo el mundo aguzó el oído. Yo respondí: «Pues si no pasa nada, no practique». Y ella replicó: «¡Ah, no, no! No quiero dejarlo porque siento mucha paz y alegría. Es realmente fantástico». El problema era que ella seguía pensando en lo que podría notar en vez de apreciar lo que ya sentía. ¡Expectativas!

Alguien dijo una vez: «No hacen falta alas para volar; lo único necesario es cortar las cadenas que nos sujetan». Si cortamos las cadenas de las expectativas, seremos libres para explorar, experimentar y comprender nuestro yo. Es en la gratitud donde comienza el entendimiento y, con la práctica, puede ir evolucionando hasta nuestro último suspiro.

Mi experiencia de la paz

Tener una intensa conexión con la paz interior ha supuesto una bendición en mi vida, tanto en los momentos buenos como en los malos. No importa qué problemas tenga o qué pasa en el mundo; cuando cruzo el umbral y conecto plenamente con mi yo, se evaporan todas las preocupaciones. Y esta posibilidad existe para todos los seres humanos: encontrarse allí donde el corazón canta y simplemente disfrutar de la música de *ser*.

Hablo muchas veces de la claridad que se deriva del autoconocimiento porque puede transformar el modo en que nos sentimos respecto a nosotros mismos y cómo nos enfrentamos a la vida. Ahí va una analogía. Cuando pilotas un avión, usas los sentidos para que te indiquen cómo van las cosas, si se mantiene el rumbo, la altitud, etcétera, mirando al horizonte. En pocas palabras, lo haces instintivamente. Pero es fácil desorientarse en el aire, especialmente cuando las condiciones climatológicas son desfavorables o está oscuro. Tus conceptos e interpretaciones de la realidad pueden ser erróneos. Los instrumentos te proporcionan todo un sistema para complementar a los sentidos. Ellos te informan exactamente del rumbo, la altitud, la velocidad, el ángulo de giro, etcétera Como instructor de vuelo, puedo decir que lleva su tiempo aprender a pilotar con instrumentos, en parte porque —igual que ocurre con el esquí— ¡hay que aprender antes a confiar en el experto!

El autoconocimiento te capacita para desarrollar una serie de instrumentos espirituales conectados con tu verdadero yo. Y ahí es donde encuentras tu realidad. Ahí es donde consigues orientarte.

Siguiendo con la analogía de la aviación, las cabinas de los grandes aviones han acabado teniendo muchísimas luces, así que a un fabricante se le ocurrió una cosa llamada la idea de la cabina oscura, que consiste en reducir al mínimo las luces para que no molesten al piloto. Si no se enciende ninguna, todo va bien; si se enciende alguna, te ocupas del problema. Comparemos esto con el modo en que una mente ajetreada otea continuamente el mundo exterior, siempre atenta a los problemas y al mismo tiempo buscando la paz.

Como todos, tengo que ser consciente de que mi mente puede interferir con mi corazón, y de que las expectativas también pueden afectarme, naturalmente. Una vez, en Japón, fui a un templo bellísimo, invitado por un profesor que era un acreditado experto en jardinería. Nos sentamos en medio de los magníficos jardines, y todo el mundo ponía de relieve la paz que se respiraba. Por supuesto, los engranajes de mi mente se pusieron en marcha: «Esto no es paz», pensé, «¡esto es silencio!».

Sentado allí, me puse a escuchar —escuchar de verdad— y me di cuenta de que no había silencio en absoluto. El agua discurría haciendo ruido. De repente, empecé a oír el cri-cri de los grillos, ¡y vaya si ponían entusiasmo! Oía el susurro de las hojas movidas por el viento y el canto de los pájaros. No había silencio, pero, después de un rato, noté la fabulosa armonía de los sonidos. Me desprendí de las definiciones intelectuales de «silencio» y «paz» y en aquel momento percibí la canción del jardín: la armonía de una hermosa realidad.

¿Estás disfrutando de esta vacación llamada vida?

¿Por qué es tan importante la búsqueda del autoconocimiento? Pensemos una vez más en el milagro de nuestra existencia.

Muchos santos y poetas han dicho que cuando morimos volvemos a casa, que este mundo es un sitio de paso. Tanto si crees en otra vida como si no, hay algo sublime en la idea de que estamos aquí solo de visita. He reflexionado mucho sobre

eso, y he llegado a la conclusión de que los humanos olvidamos
con facilidad de dónde venimos: del polvo. Antes de nacer, for-
mábamos parte de la gran nube de polvo cósmico. Y volveremos allí cuando muramos. Polvo al polvo, como dicen los cris-
tianos. Yo tengo escritos unos versos sobre este tema.

Uno
Bajo los pies el polvo
de sabios e ignorantes
mezclado por el molino del tiempo.
Al príncipe y al indigente,
al santo y al ladrón,
la misma suerte les espera en la Tierra.
El cuenco del mendigo y la corona del rey,
oxidados en el mismo campo,
arrastrados por el mismo viento,
esparcidos sin honores.
La historia de todas las cosas,
polvo bajo los pies.

Se cree que el universo surgió hace un poco menos de catorce mil millones de años. Durante cuatro mil quinientos

millones de años la Tierra ha sido como es ahora. El *Homo sapiens* apareció alrededor de doscientos mil años atrás. Y el ser humano actual se ha forjado en los últimos diez mil, desde la última era glacial. Eso significa que las personas —en la forma que conocemos hoy— llevamos aquí una pequeñísima parte del tiempo que ha existido la Tierra y una fracción todavía menor de la existencia del universo. Durante miles de millones de años estuvimos flotando por la galaxia como partículas de polvo. Entonces intervino la gran energía universal, y se nos dio la oportunidad de *vivir* en *este planeta* durante un instante en la larga historia del tiempo.

O sea, que tenemos vacaciones de ser polvo; unas vacaciones que empiezan cuando nacemos y terminan cuando morimos. Todas las plantas y seres vivos estamos de vacaciones y nos han traído a un destino fantástico. Pero ¿lo sabemos? ¿Estamos sacando el máximo provecho de nuestro tiempo? ¿Nos desvía algo de experimentar esta vida? ¿Saboreamos todo lo que podemos este precioso momento, esta posibilidad de experimentar millones de cosas antes de volver a ser polvo?

A veces se me olvida que estoy de vacaciones. Quiero recordarme a mí mismo todos los días que lo más importante para mí es apreciar este tiempo, esta oportunidad, esta belleza: disfrutar de cada momento y aprovecharlo lo más posible percibiendo nuestra conexión con todo lo demás, sintiendo el yo universal del que tratamos en el capítulo 11.

El mismo polvo cósmico que nos formó a nosotros compuso también los planetas de nuestro sistema solar. Somos parte de la Vía Láctea y de la tierra que pisamos. Estamos conectados con los árboles, con los pájaros que pululan por las ramas. Con las mariposas que revolotean sobre las flores. Con los peces que se mueven como flechas entre los juncos de ríos centelleantes. Con la luz del sol y con la lluvia. Siempre seremos parte de la materia, pero durante este corto periodo de tiempo también tenemos consciencia. Se nos ha dado la capacidad temporal de sentir y entender; por tanto, la pregunta que procede es esta: ¿estamos disfrutando de nuestra vacación?

'Carpe diem'

Cuando finalmente se desintegre nuestro planeta, volará por el espacio hecho polvo y se convertirá en un sinfín de otras cosas, en otros sitios. Es la constante renovación de la creatividad universal. De ahí la oportunidad de seguir conectados con el ahora, no con el ayer que ya pasó, no con el mañana que no llega nunca, sino con el milagro de nuestra existencia en este momento, y este momento, y este momento, y este momento, etcétera. Sin embargo, nos resulta difícil ser conscientes de algo tan simple. El antiguo filósofo chino Lao Tzu lo expresaba de esta manera:

Cada momento es frágil y fugaz.

El momento del pasado no se puede conservar, por muy hermoso que sea.

El momento del presente no se puede retener, por agradable que resulte.

El momento del futuro no se puede alcanzar, por mucho que se desee.

Pero la mente quiere a toda costa que el río no discurra: obsesionada con ideas del pasado, preocupada por imágenes del futuro, pasa por alto la verdad pura y simple del momento.

¿Cuál es la verdad pura y simple de este momento? La sabiduría no consiste en darse cuenta de lo valioso que era algo cuando ya ha pasado, sino en apreciar el valor de lo que tenemos ahora mismo. ¿Qué tenemos ahora mismo? La posibilidad de sentir el milagro de ser. La posibilidad de ver claramente lo que es más importante en nuestra vida. La posibilidad de saber realmente quiénes somos. La posibilidad de dar la espalda al ruido y experimentar la paz interior. El corazón siempre está llamando a la puerta de la mente, haciéndonos recordar que podemos ir al unísono con todo lo bueno que hay en nosotros.

Imaginemos un mercado de alimentos; encontrarás en él los productos comestibles más selectos del mundo: frutas y verduras fresquísimas, carnes y pescados exquisitamente cocinados, excelentes quesos, los dulces más deliciosos que conoce la humanidad y las bebidas más refrescantes saliendo de las fuentes. Te dicen que puedes tomar todo lo que quieras de ese mercado, pero hay una condición: no puedes llevarte nada. ¿Cuál sería tu reacción? ¿Te sentirías decepcionado? ¿O pensarías «voy a disfrutar de todo lo que pueda mientras estoy aquí»?

Te suena, ¿verdad? Podemos disfrutar de muchas cosas, pero no podemos llevárnoslas. *Carpe diem.*

Lobo bueno, lobo malo

Esto nos lleva a una cuestión vital que fluye por este libro y es esencial en la práctica del autoconocimiento: la *elección*. A cada momento se nos presenta una disyuntiva, que es esta: ¿atendemos a lo bueno que hay en nosotros o a lo malo? ¿A lo positivo o a lo negativo?

Un día, en una tribu de indios americanos nativos, se acercó al jefe un niño del grupo y le dijo: «Jefe, tengo que hacerte una pregunta. ¿Por qué algunas personas son buenas algunas veces, pero malas en otras ocasiones?».

El jefe contestó: «Eso pasa porque tenemos dos lobos en nuestro interior y se pelean entre ellos. Hay un lobo bueno y otro malo».

El chico se quedó pensando un rato y luego dijo: «¿Cuál de los dos lobos gana?».

El jefe respondió: «Gana aquel al que alimentes».

No hay ninguna necesidad de castigar todo el tiempo a nuestro lobo malo, eso no ayuda a la otra parte. En lugar de eso, hay que nutrir al lobo bueno: darle tiempo, conocimiento, comprensión, cuidados, amor. ¿Qué ocurre entonces? Que el lobo bueno se hace más fuerte.

Odio, ira, miedo, confusión... alimentan al lobo malo.

Amor, alegría, serenidad, claridad... alimentan al lobo bueno.

Así que tenemos que preguntarnos: ¿qué estamos eligiendo hoy? ¿Decidimos alentar el prejuicio o la comprensión? ¿La confusión o la claridad? ¿La guerra o la paz?

Aquí dejo unos versos que leí una vez, hace mucho tiempo, relativos al modo en que nos define lo que elegimos, unas palabras que han permanecido conmigo hasta hoy:

Si quieres ser fuerte, sé amable.

Si quieres ser poderoso, sé benevolente.

Si quieres ser rico, sé generoso.

Si quieres ser elegante, sé sencillo.

Si quieres ser libre, sé tú mismo.

Escoger la libertad

Una vez, hablando con gente a la que estaba enseñando las técnicas de conocimiento, un hombre del grupo dijo: «Tengo miedo».

«¿Miedo de qué?», pregunté.

«No lo consigo: No puedo meterme en ese sentimiento».

«¿Por qué?», pregunté. «Solo estás volviéndote hacia tu interior. No tengas miedo de ti mismo. ¡Vuela!».

Me vio posteriormente y me dijo que la conversación había sido decisiva, que entonces lo consiguió y se echó a volar. Le pregunté qué se experimentaba y contestó que era como si no hubiera límites para su libertad. ¡Ningún límite!

En nuestra naturaleza está ser libres. A fin de cuentas, puede que lo que nos traba no sea nada especial. Pero debemos conectar con lo que necesitamos intrínsecamente. ¿Sientes esa necesidad de libertad dentro de ti? ¿Puedes liberarte y mirar con los ojos de tu divinidad interior?

De niño aprendí de los pájaros una lección acerca de la libertad. Si coges un pájaro que ha sido libre y lo pones en una jaula, se resistirá y querrá escapar. Pero ¿sabes qué pasará al final si esperas el tiempo suficiente? Que aprenderá a vivir en la jaula, y si un día abres la puerta, ni siquiera intentará salir. Lo sé porque una vez quise soltar a unos pájaros que estaban enjaulados y no se movieron. Habían olvidado lo que era la libertad. Y a nosotros puede ocurrirnos lo mismo.

Suceda lo que suceda en nuestra vida, siempre somos libres de conectar con la íntima realidad de quiénes somos —evadirnos de ser controlados por lo que ocurre fuera—, pero hemos de decidir esto por nosotros mismos. Con el ritmo de nuestra respiración nos llega el milagro de la vida. Vuélvete hacia dentro y en todo momento podrás conectar con tu infinita paz interior. Vuélvete hacia dentro y podrás volar lejos. Vuélvete hacia dentro y el ruido del mundo se tornará en silencio, haciendo posible que oigas la divina música del ahora. Vuélvete hacia dentro y te oirás a ti mismo. Empieza ya.

Este libro
se terminó de imprimir
en el mes de febrero de 2020